青春文庫

人に強くなる極意

佐藤 優

文庫化にあたって

現下の日本は構造的危機に見舞われている。そのような中で、私たちは二つのことをしなくてはならない。

第一は、この構造を変えていくことだ。

第二は、現状の中でわれわれ一人ひとりが名誉と尊厳を維持しながら生き残っていくことだ。この二つの事柄は、残念ながら、直接はつながらない。

第一の構造転換について、私は『今生きる「資本論」』、『今生きる階級論』（共に新潮文庫）などを刊行して、問題提起を行った。

第二の生き残りについて、私が書いた本の中で最も読まれているのがこの『人に強くなる極意』だ。本書は、各自が与えられた状況の中で生き残るにはどうすればよいかというノウハウを記している。本文はできるだけわかりやすい表現を心がけており、私が書いた本の中ではかなり読みやすい記述になっているはずだ。ただし、テーマのレベルは非常に高度である。

私は2002年5月14日、当時勤務していた外務省外交史料館で東京地方検察庁特別捜査部によって逮捕された。容疑は背任だったが、実際は、当時、鈴木宗男衆議院議員らと進めていた北方領土交渉が、四島一括返還を裏切る歯舞群島と色丹島の二島返還を優先するものであると非難されたからだ。

512日間、東京拘置所の独房に勾留され、9年におよぶ裁判で懲役2年6カ月の有罪（執行猶予4年）が確定した。2013年6月30日に執行猶予期間が満了し、刑の言い渡しが効力を失うまでは、海外旅行ができない、大学の教壇に立てないなどの制約があった。

最近、北方領土交渉で日本政府が大胆な政策転換を行った。率直にいうが、私が1997～2002年に交渉を行っていた時より、日本ははるかにロシアに対して譲歩したスタンスをとっている。

2018年11月14日夜、滞在中のシンガポールで安倍晋三首相はロシアのプーチン大統領と会談し、平和条約締結後の歯舞群島と色丹島の日本への引き渡しを明記した1956年の日ソ共同宣言を基礎に条約締結交渉を加速させることで合意した。

首相は会談後、プーチン氏と通訳のみを交えた一対一の会談で「平和条約締結交渉について相当突っ込んだ議論を行った」と記者団に述べたが、具体的な内容は明らかにしなかった。日本政府内には同宣言に基づく歯舞、色丹両島の引き渡し協議入りを求めつつ、国後、択捉両島では共同経済活動を実現して自由な往来を可能にするという「2島プラスアルファ」論が強まっており、首相がこうした考えをプーチン氏に伝達した可能性もある。（11月15日「北海道新聞」電子版）

私も同じ見立てだ。対外的に政府は、四島の帰属の問題を解決して平和条約を締結するという基本的立場に変更はないと説明している。四島の帰属の問題を論理的に考えると5通り（日4ロ0、日3ロ1、日2ロ2、日1ロ3、日0ロ4）の場合がある。安倍首相とプーチン大統領が「1956年の日ソ共同宣言を基礎に条約締結交渉を加速させることで合意した」ということを素直に読めば、歯舞群島と色丹島は日本の主権下、国後島と択捉島はロシアの主権下にあることを確認し、日ロ間に国境線を画定することになる。

国境線が画定されることと領土問題の解決は同じ意味だ。これで日ロ間の戦後処理が完全に終わる。政府は、北方領土がロシアによって不法占拠されているという法的解釈を変更する。歯舞群島と色丹島は日本領になるのだから、日本人が往来、居住し、経済活動や文化活動を行うことができる。国後島や択捉島はロシアの主権下にあることを日本が認めたうえで、経済活動を含むこれら二島での活動について日本に特別の地位を認める制度をつくることができる。日ロ間で特別の条約を結んでもいい。これで二島返還プラスアルファが実現する。

今後の交渉で重要なのは、歯舞群島と色丹島の主権が日本にあることをロシアが明示的に認めることだ。日ソ共同宣言では、ソ連が歯舞群島と色丹島を日本に引き渡すとは書かれているが、主権に関する言及がないので、今後ロシアが「二島の主権はロシアに残したまま日本に無期限貸与する」という変化球を投げてくる可能性がある。

もっとも、1955〜56年の交渉経緯を見れば、主権の移転が前提とされていたことは明白なので、日本の立場は優位だ。さらに日ソ共同宣言が締結された1956年時点で、200カイリの排他的経済水域（EEZ）という概念は存在していなかった。この点に関してロシアが「引き渡しに海は含まれていない」と主張する可能性もある。この点については、ロシアの主張を考慮する必要がある。

いずれにせよ、安倍晋三首相は北方領土問題を現実的に解決するために政治生命を賭した決断を行った。筆者はそれを支持する。秋葉剛男外務事務次官が会談に同席したことも異例であるが、この交渉に外務省が本気で臨んでいることの証左だ。

時代は大きく変化し、当時の私たちの立場が、現在の日本の国策になった。タイミングが重要だということは、旧約聖書の次のような誡めからもわかる。

何事にも時があり
天の下の出来事にはすべて定められた時がある。
生まれる時、死ぬ時
植える時、植えたものを抜く時
殺す時、癒す時
破壊する時、建てる時
泣く時、笑う時

嘆く時、踊る時
石を放つ時、石を集める時
抱擁の時、抱擁を遠ざける時
求める時、失う時
保つ時、放つ時
裂く時、縫う時
黙する時、語る時
愛する時、憎む時
戦いの時、平和の時。

人が労苦してみたところで何になろう。
わたしは、神が人の子らにお与えになった務めを見極めた。神はすべてを時宜にかなうように造り、また、永遠を思う心を人に与えられる。それでもなお、神のなさる業を始めから終りまで見極めることは許されていない。

（「コヘレトの言葉」3章1～10節）

われわれは日々、仕事と生活に追われているが、その中でも重要なのは自分にとって最良のタイミングを待つことである。何事もタイミングが大切なのだ。

「急ぎつつ、待つ」

これこそ、私が『人に強くなる極意』で伝えたかった核心的メッセージである。

2018年11月　沖縄県国頭郡恩納村にて　佐藤優

目次

第一章　怒らない

第二章　びびらない

第三章　飾らない

第四章　侮らない

第五章　断らない

第六章　お金に振り回されない

第七章 あきらめない

第八章 先送りしない

編集協力　本間大樹
帯写真　坂本禎久
本文DTP　センターメディア

第一章　怒らない

突然キレる人に理屈はない

怒りの感情は人間誰しもが持っています。相手の心ない言動に一気に高まる怒り、社会の不正や不条理にふつふつと湧いて出てくる怒り。怒りの対象も、怒り方も、状況によって千差万別です。

ただし、昔から短気は損気といわれるように、直情的な怒りや衝動的な行動は、結局自分にとっても周囲にとってもマイナスになることが多い。怒りをどう抑えるかは、社会生活を営む人間にとって大きなテーマの一つです。

逆に怒るべき時もあります。たとえば自分が親で子どもが悪さをしたとか、相手の行為があまりにも理不尽な場合とか、社会的な要請に従って現状を正したり、変えなければならないのであえて怒りの感情を表す場合などです。

いずれにしても怒りの感情をどうコントロールするかが、よりよい人生を送るうえでの重要なポイント。そのためには怒りとは何か、なぜ怒りの感情が湧いてくるのか、怒りそのものについて考えてみることが大切になります。

たとえばあなたの周りにも、突然キレたように怒りだす人がいるかもしれません。

上司でも同僚でも、友人でも……。感情的になってキレてしまうというのは、感情の抑制が利かない情緒不安定というカテゴリーに入ります。つまりは病気ですから、まずは議論の外でメンタルヘルスの話になります。

シュライエルマッハーという有名なドイツのプロテスタント神学者がいるのですが、宗教とは絶対的依存の感情だといっています。感情でわっと何かが湧き出しているのは、その向こうに神様がいるからだというのです。だからカーッと怒っている人がいたら、神がかりだから注意せよということになります。

特に温厚に見えた人が、突然人が変わったように怒りだしたら、それは何かが降りてきたと考える。その瞬間は何かに憑依されたような状況になっているから、理屈で説明しようとしても無駄。雷と一緒でとにかくその場から逃げる、避難するのが正しい対処法です。

怒りでフリーズさせることが必要な場面もある

神がかり的な怒りは特別なものとして、それ以外の怒りというのは、実は仕事をするうえで重要な道具でもある。私は動物が好きで動物行動学の本なども読みますが、人間や人間社会にも動物の生態や行動原理は当てはまります。

たとえば猫は普段あれだけ敏捷に動き回りますが、突然大きな音がするとびっくりしてフリーズしてしまう。あと、道路を横断している最中に車が迫ってきた時なども、そのまま動かなくなって轢かれてしまう。

猫だけじゃなく他の動物でも、危機的な状況になると仮死状態になるものもいます。ウサギなんか思い切りつかんだり脅したりしたら死んでしまう。なぜかというと、肉食獣に捕まったらウサギは絶対に助からない。そこで、捕まった時点で苦痛を感じないために自ら心臓を止めてしまうといいます。

人間も動物ですから、大きな声で怒鳴られると身の危険を感じてフリーズする。ギュッと身を縮めて自分を守ろうとするのです。

昔の職場では、一人や二人必ず大きな声で怒鳴る上司がいました。

怒鳴られるとその瞬間は凍るのですが、そうやってフリーズさせることが必要な場面がある。たとえば工事現場などで明らかに誤った操作をしていて危険な時には、怒鳴ってフリーズさせてその操作を止めさせる。そして体で覚えさせなければいけない。

極端な状況ですが、戦場などの生死を分ける場面では、間違った行動や危険な対応をする兵士に理路整然と説明している暇はありません。自衛隊の訓練などでも一歩間違えたら命に関わりますからね。部下がおかしなことをやっていたら怒鳴ってフリーズさせるわけです。

よく怒鳴る上司の本当の狙い

それ以外にも、上司が部下を戦略的に怒ったり怒鳴ったりするケースがあります。たとえば部下が取引先とのやりとりでミスをしてしまった。何とか取引先に謝り穏便に済ませたい時にどうするか。

こういう時に直属の上司が出てきて、取引先に謝りながら、彼らの前で部下を怒鳴りつける。「なんてことをしでかしたんだ!」などといってボロクソに怒鳴る。すると取引先の人は「まぁまぁ、部長さん、そんなに怒らないで下さい」と、「悪気があったわけじゃないんだし」と何とか収めてくれる。

それを狙っての一種の芝居なのですが、怒鳴ることでその場が収まる場合もあるわけです。上司は一見部下を怒鳴って攻撃しているようですが、実は結果的に部下を守っている。こういうことって、よくあるのではないでしょうか。

ですから上司が怒っている場合、どの怒りなのかをまず冷静に判断しなければなりません。神がかり的な怒りなのか、あるいはフリーズさせるための怒りなのか、はたまた戦略的でお芝居的な怒りなのか――。

その分析もしないで、ただ怒っている上司は面倒だとか、嫌だとかと決めつけるのはあまりにも短絡的で幼い。まず怒っている相手をよく見て、どの種類の怒りなのかを判断することが肝要です。

実は私が外務省にいたころの首席事務官（外務省独自の役職で他の中央省庁では筆頭課長補佐にあたる）に、まさに瞬間湯沸かし器のような人がいました。とにかくよく怒鳴る。外務省に研修生として働きだしたばかりのころですから怖かった。研修生だけじゃなく、部下のほとんどが彼のことを蛇蝎のごとく嫌っていたのです。

ところがある時気がついたんです。その上司の怒りにはある一定の法則がある。首席事務官が鬼のように怒鳴る時は、たいていその上の課長が課員に対して何か不満を持っている時なのです。あるいは課員がミスをした時。課長が怒る前にその首席事務官が怒鳴る。その勢いが激しいものだから、課長は「まぁまぁ」となる。

結局、蛇蝎のごとく嫌われていたその首席事務官のおかげで、課員は課長から直接怒られたり咎められたりすることはほとんどなかったし、課長の方も課員にきつく当たる必要がなかった。自ら悪役になって、課の防波堤になっていたわけです。

そのカラクリ、戦略が見えてきてからは、その首席事務官が瞬間湯沸かし器的に怒鳴ろうが私は少しも怖くなかった。むしろ親近感を覚えました。

研修生だったある朝、睡眠時間3時間とか徹夜とかが続いていた時ですが、その首席事務官が来て「佐藤、飯を食いに行こう」というのです。

当時外務省の8階にはグリーンハウスという喫茶店があって、そこでサンドイッチを食べコーヒーを飲みながら、その首席事務官が「どうだ、辛いか?」と聞くのです。「大学院で研究をしていた学生が急にこんなガサツでバタバタしたところに来て、外務省がこんなとこだと思わなかったろ」と。「でも絶対にいま辞めるなよ。いまはこき使われてるけど、研修が終わればまた違ってくる。短気を起こして辞めるんじゃないぞ」というのです。

それまでは怒鳴り声ばかりのイメージでしたから、突然のしんみりした言葉にびっくりしつつ、「いえ、私はこの仕事は面白いと思っています」と答えると、「そうか、本当に一生懸命やってくれてありがとう。今日はもう帰って寝ろ、疲れてるだろう」。それでその上司は残ってまた仕事を続ける――。

私はやっぱりこの人は冷静に状況や人を見て行動している人だと思いました。周りはいまだに厄介な人物だと思っているかもしれませんが、おそらく彼からしたら、私が何となくわかっていそうだと察して、本当の自分を種明かししてくれたのかもしれません。

実は後日談があって、その後何年もたって私が鈴木宗男事件で騒がれている時、外務省の廊下でその元上司とすれ違ったのです。彼は某大国の大使に出世して日本に帰ってきていましたが、その時、すれ違い際にポンと肩を叩いて、

「おう佐藤、ちょっとやりすぎたな。しばらくおとなしくしとけ。君がちゃんと仕事をしているのは俺が一番よく知っているから」

といってくれたのです。

当時は内外からのバッシングを受けていた時だけに、その言葉にはとても助けられました。ちゃんと見ていてくれる人がいる。それは本当にありがたく貴重でした。

すぐに怒る、怒鳴るからといって、厄介な人だとかおかしな人だとか決めつけないほうがいい。本当に素晴らしい上司というのは、意外にそういう人の中にいたりするものです。

鈴木宗男さんが役人に怒った本当の理由

怒鳴るという話が出たら、どうしても触れておかなければいけないのが鈴木宗男さんでしょう。ワイドショーなんかでさんざん鈴木さんが怒鳴り散らしている光景が流され、いかにも鈴木さんが外務省の職員たちを恫喝しながら好きなようにやっているというイメージができ上がりました。

実際は、怒鳴るには怒鳴る理由がある。ワイドショーではそこまでは踏み込まず、ただ理不尽に周りをかき回している存在だということで終わらせてしまう。なぜ鈴木さんがあそこまで怒鳴らなければならないのか、本当はそこにポイントがあるのです。

ちなみに鈴木さんの場合、怒鳴りが徹底していますから3年に1回は入院するのです。何かというと、大きな声を出すから歌手と一緒で喉にポリープができる。その切除のために入院するのですが、3日間は口がきけずに筆談。体を張って怒鳴っていたわけです。

私自身は鈴木さんに怒鳴られたことは一度もありません。むしろ平素はとても穏やかな紳士で、怒ったり怒鳴ったりするのにはすべて合理的な理由があります。怒鳴り方が激しいので、前述した「神がかり的な怒り」だと思うかもしれませんが、実は正反対。

まず怒る一番目の理由は役人が嘘をついた時。明らかに嘘をついている場合は激しく叱責します。これは前に挙げたタイプでいうと、相手をフリーズさせて体に覚え込ませる怒り方です。つまり、二度と虚偽の報告をさせないようにするためです。

私自身が役人だったのにいうのも何ですが、小賢しい役人のことですから、あの人たちはつねに相手を見ながら行動します。

政治家に対しても「こいつはこの程度でダマされる奴だ」「この程度ならごまかして大丈夫」となると、以後そういう態度で臨んできかねません。相手の足もとを見るというか、値踏みをするのです。

情報が偽物では政治家としては正しい判断ができなくなります。下手をすると自分の政治生命にもかかわるし、そもそも国民のためにもなりません。役人たちにナメられないためにも、明らかに彼らが嘘をついている時は毅然として、時には大きな声を出しても怒らなければいけない。

そういう点での鈴木さんの眼力には天賦のものがありました。嘘をついている役人の言動や小細工した書類などは、異常な鋭さで見抜きましたね。ある時、外務省のある役人が鈴木さんに1枚の書類を持ってきた。それは北方領土交渉に関する書類で、その役人は当時の橋本総理と鈴木大臣の二人にしか見せていないといいました。

勘のいい鈴木さんは目ざとくその紙に印字された「22：××」という更新時間を見つけ、前後の関係からその書類がその役人によって改ざんされたものだと見抜いたようでした。「○○さん、もういいよ。ほかの先生に説明してくれ。俺は嘘の説明は聞きたくないから」と鈴木さんがいうと、その役人は突然鈴木さんの方に身を乗り出して、「大臣、これが嘘をつく男の目ですか？」。そこまでしたらおそらく信用してくれるだろうと思ったのでしょう。しかし鈴木さんはその役人を見据えながら「これは嘘つきの目だ」と。

すると突然その役人はどうしたか。なんと「ウーッ」と唸ったと思ったら、その場でアルマジロのように丸くなって床に転がってしまった。動物が敵に襲われ進退きわまった時に死んだふりをするのと一緒で、彼もそうすることでその場を逃げるしかなかったのでしょう。

いずれにしても役人というのは油断したらさまざまなごまかしをするものです。それを避けるには、あえて大声で怒鳴る。

本当に怖いのは〝怒鳴らない人〟

もう一つの理由はショートカットです。どういうことかというと、役人は基本的には政策を自分たちで変えることはできない。彼らは法律にしたがってその範囲内で行政を動かしているので、それ以上の権限を持っていない。で、特に役人は自分が責任を取らされるのを極端に嫌がります。すると役人だけでは一つの案件がなかなか前に進まないという事態が起こる。

そんな時に必要なのが「鶴の一声」。つまりは政治家が「つべこべいわずにこうしろ！」と明言すると、役人のほうは「あの政治家がいうんだから仕方がない、従おう」

となる。いってみれば外圧の存在にかこつけて、ようやく動き出すことができるわけです。お墨つきをもらうと同時に、責任も負わずにすむ。まぁ、ずるいといえばずるいのですが。

鈴木宗男さんが怒鳴るのも、そういう意味合いが多分にありました。たとえば南サハリン（樺太）のユジノサハリンスクに日本の総領事館をつくるという話があった。ただし、南サハリン自体は1951年のサンフランシスコ講和条約で日本は放棄していたが、当時まだソ連領であることは認めていない。ここで日本が総領事館をつくったら、すなわちソ連領であることを認めてしまうことになる——。

ということで誰もが腫物に触るようにしてこの問題を扱わなかった。ただ、もはや誰が見てもソ連が実効支配しているわけです。その現実に即して総領事館が必要なことはわかるのですが、その建前があるため動けない。外務省は当然動きません。

そこで鈴木さんが「そんなことといっても北方四島も帰ってこないのに樺太など取り返せるか。実際ソ連が支配していて日本人が現実に樺太に住んでるんだから、総領事館をつくれ」と。実は外務省にとっては待ちに待っていた言葉で、鈴木さんの言動を「政治圧力」として利用し、総領事館の開設を進めました。

こういうことは実際にちょくちょくあることです。政治家が怒鳴って役人が困っているように見せかけながら、実は巧妙に外圧を利用して行政を動かす。そのことはもちろん鈴木さんもわかっているし、鈴木さんがわかっているということも外務省はわかった状態での、あ・うんの関係。一種の連携プレーみたいなものでもあった。

これがいわゆるショートカットで、鈴木さんが怒鳴ることで停滞していた問題がようやく動き出したり、なかなか前に進まない問題が一気に前進したりする。まさにこれこそ政治家の役割であって、けっして理不尽に無謀に怒鳴っていたわけではなかったのです。

実は、鈴木さんみたいに面と向かって怒鳴る人の方がまだわかりやすい。私の見てきた経験からいうと、一番怖いのは表面は穏やかでも、実は内面で怒りをためているタイプ。そういう政治家は怒ったりはしませんが、突然相手を出入り禁止にしたり、無視する。

これは相当きつい。新聞記者が一番恐れるのは相手が怒りだすことじゃなく取材を拒否されること。情報が入らないと記事が書けませんからね。それと似たようなことが役人の世界だってある。出入り禁止にされたらもうお手上げ。上司に報告さえできませんから。

平気で嘘をつく人には大声で怒鳴る

私自身も昔は怒鳴ったこともありました。いまはそんなことはまずないですが……。外務省で部下を持つ立場だった時には、何度か本気で怒鳴ったことがありました。もちろん〝神がかり的な怒り〟じゃないですよ。あくまでも教育的な意味においてです。特に入省1年目の新人に対してはよく怒鳴りましたね。

当時はいまのようにメールでのやりとりではなく、ほとんどがファックスでした。で、通産省にファックスしといてとか、ロシア大使館に送っといてくれと頼むのですが、送っていないことがある。学校で秀才だった連中というのは、「ファックスはもう送ったか」と聞いて、「すみません、忘れていました。すぐ送ります」と答えられるのは全体の3分の1。残りの3分の2は「もう送りました」と嘘をついて、後からこっそりファックス機のところへ行って送っている。そんなことは、こっちはもちろん重々承知なわけです。

当時はまだ家庭でもファックスは普及していませんから、彼らはファックスすると発信時間と着信時間が記録されることを知らない。で、私はファックスを送ったかどうか確認した時間を明示して、その紙に印字された動かざる証拠を突きつけ、「なんで嘘をつくか！」と徹底的に一回怒鳴るんです。

入ったばかりの新人ですから、これほどあからさまに嘘がばれて怒鳴られたらへこむでしょうし、効きますよ。ただし、それでもう以後は二度とそんな初歩的な嘘をつかなくなる。先ほどの鈴木宗男さんが役人を怒鳴るのと同じ理由です。

ファックスを送ったかどうかなんて、そんなに怒鳴るほどのことかと考える人もいるかもしれません。でも、実はこういう細かい事務的なことこそ、しっかりやらないと大変な事態に陥ってしまう。それを体験で知っているからなんです。

こんなことがありました。日本からモスクワの大使館に外交官を送ろうとした。ところがある人物のビザが下りない。その人物は警察の人間でも、ましてや情報を担当する外交官でもなく、ただの電信担当の職員だった。そこで当時のソ連側に聞いてみると、「そっちがこちらの外交官のビザ発給を止めたからだ」というのです。

あいにくこちらはそんな覚えはまったくない。ビザというのは、たとえばソ連がこちらに送りたい人物のリストを送ってくる。すると日本側はそれを調べて入国してもOKとなったらその旨の電報を出す。逆もまた同じで、日本側が送りたい外交官のリストをまずソ連側に送り、OKという電報が向こうから届く。

当時電信室というところがあって、そこに電報を持っていくのは入省一年目の研修生が担当していました。研修生はとにかく雑事を山ほど頼まれます。それである研修生がその電報を引きだしの中にしまって忘れていたんです。後になってそれがわかったのです。

もっと早い段階でそれを正直に告げてくれれば、ソ連側に謝ってビザを出して事なきを得たはずです。ところがその研修生は「いや、私はきちんとやりました」と。しばらく嘘をついていたので、判明した時にはもう手遅れ。

結局ソ連のその人物のビザは最後まで下りなかった。ソ連としては怒り心頭で、大変な外交戦争にまで発展してしまった。もうそこまで来たら、「いまさら自分たちのミスでした」なんていえませんからね。こちらも突っ張り切るしかない。

実は、たまたまそのビザの下りなかった人物は向こうの秘密警察の人間だったようです。だからソ連はわざと日本が嫌がらせをしたと。「やられたらやり返せ」が外交ですから、こじれるわけです。

ちょっとした事務的な処理のミスと嘘。これが外交問題にまで発展する。こんな些細なことから国益が損なわれる可能性がある。それを実体験として知っていますから、ファックス一本がどれだけ重いか、若いうちに体にしみ込ませておく必要があるわけです。

事務作業のイージーミスほど致命的

実際、私が若い連中を大声で怒鳴ったのは基本的な事務作業ができていない時がほとんど。彼らのロシア語が未熟で誤訳した、なんて時には絶対に怒鳴りません。ここは間違ってるぞ、ここはこう訳すのが正しいんだと教えてやればいい。

ところが書類をコピーしてまとめてきたのに間のページが抜けている。あるいはあるページだけ逆さになっている。で、それを指摘したら「いや、ちゃんとソーターにかけていたんですが」などと、つまらない言い訳をした時などは怒鳴りました。

「俺はソーターにかけたかどうかは聞いていない。書類をセットしてくれと頼んだのにできていないのはどういうことだと聞いているんだ」と。

あとは、ある書類をファイルにとじておくよう命じたら、右側がホチキスで留めてあるのに、左側にパンチで穴を開けて留めて持ってきた研修生がいました。袋とじになっていて開けない。「俺は見やすいようにファイルにしておけといったんで、袋とじをつくれとはいってねえぞ！」と。この時はファイルを投げつけました。いまやるとパワハラで逆に訴えられるかもしれませんが——。

実はこれにも苦いエピソードがあります。この人は後に外務省のトップである事務次官になりましたが、この人が某政権で首相秘書官をやっていた時、国会で使う首相用の答弁書をつくったんです。

ところがその答弁書のとじ方に間違いがあって、ホチキスで留める時に前後のページが入れ替わってしまっていた。そのためトンチンカンな答弁になり、野党に突っ込まれて国会審議が中断。危うく不信任案にまで行きそうになったことがあります。

そうなったら当然秘書官のクビも飛ぶ。大変な事態なわけですが、その原因はなんのことはない、研修生がホチキスで留めるのを間違えたというイージーミスなんです。

致命的なミスというのは、実はこういう初歩的で事務的なところから生まれる。その恐ろしさを知っているからこそ、若い人に対して私はあえて怒鳴ったわけです。

ですから怒られたり怒鳴られたりしたからといって、自分は嫌われているとか、あの上司は理不尽だとか思わないこと。むしろ教育的な見地で、意図的に怒鳴っている場合が多いんです。

とはいえ最近は職場で本気で怒る人は少なくなりましたね。一見穏やかでよさそうですが私からしたら少し怖い。怒らない代わりにそういう部下には仕事を与えない、徹底的に無視する……。どうもそういう方向に行っているのではないかと思います。

立場が弱い人間を怒ってはいけない

中間管理職になって人を教える立場に立ったら、時には戦略的に怒ることも必要です。ですが、まだ人を教えたり育てたりする責任を負わされていない若い人は、基本的に怒らないこと。これを心にとめておいてください。

若いうちは怒り方よりもむしろ怒られ方を学ぶべきです。それが後々、自分が下の人間を叱ったり、怒ったりする時に役に立つはずです。

そもそも若いうちからいろんなことで怒ったり大声をあげていると、情緒不安定者と見られます。いま会社の中で一番きついレッテルが「あいつは情緒不安定だから」というもの。そうなると仕事の能力以前に、人格的に問題があると見なされる。当然主要な部署からは外されていくでしょう。

ケースバイケースとはいえ、怒って大きな声をあげるのは1年に1回あるかないか、くらいがちょうどいいでしょう。最も避けるべきは、自分の立場を盾にして自分より弱い立場の人間に怒りをぶつけること。たとえば出入りの業者であるとか、派遣で来ている人とか、そういう立場の弱い人に自分の立場の強さを背景に怒るのは絶対に避けるべきです。

どんなに理屈が通っていて自分が正しくても、完全に自分の方が立場が上だとしたら、いじめているように受けとられかねません。いわゆるパワハラ的なことに対する意識が最近は高いですから、気をつけた方がいいでしょう。

自分の中の怒りの出所をはっきりさせる

感情的な怒り、ドッと湧き出してくる怒りを完全になくすことはまずできません。〝神がかり的な〟という言葉を使いましたが、まさに降りてきてしまう。ただし、感情が湧き出ることは抑えられなくても、それを別な方に向ける回路を組み込むことはできます。

それには、やはり理性がカギになります。たとえばなんだかイライラするとか、怒りが湧いてきたという時に、この感情がなぜ出てきたのか、どこから出てきたのかを客観的に分析するのです。できうる限り合理的に説明してみましょう。

たとえばこの怒りは嫉妬からくるものなのか、コンプレックスからくるのか、あるいは焦りからなのか。その出所がわかったら、なぜ嫉妬するのか、どうしてコンプレックスを持つのか、なぜ焦っているのかと続けて分析していく。

そのように論理的に感情の糸をほどいていくと、まずその作業自体で冷静になることができます。なんならノートや紙に自分の感情を書き出し、箇条書きにしたり図にしたりして分析してみてもいい。すると、自分を見ているもう一人の自分がいることに気づくでしょう。

これを「メタ認知」というのですが、物事を引いた目線で俯瞰してみる。すると怒っている自分を、もう一人の自分が客観的に見ているという構図が生まれます。この構図で物事を見ることができれば、怒りで我を忘れるという神がかり的な状態にはまず陥らずにすむでしょう。

さらにそうやって自分の感情を客観的に分析していくと、実は怒りそのものが自分自身の誤解や思い込み、間違った判断から生まれてきていることに気づきます。一方的に相手が悪いと思っていたのが、実は向こうにも向こうなりの論理があるとか、実は自分も同じような過ちをしているじゃないかとか、そういう気づきがある。

ここまでくれば、怒りの感情はすでに元のものとはかなり違ってきているはずです。感情とは、ある意味わがままで理不尽な力であり、それ自体を完全に消し去ることはできません。ただし理性の光を当てることによって、それを変質させることができる。まさに理性の勝利といえるでしょう。

よい物語で人生を疑似体験する

ただし、自分の感情の糸をほどいていくにはそれなりの知識や経験が必要です。一人の人間、特に普通の社会人に経験できることが限られているとすれば、私がおすすめするのは書物、特に小説を読むことです。あるいは映画でもいい。

要はそれらを通して、さまざまな人生を代理経験する。自分が実際に体験しなくとも、本当によい小説や映画に触れることで疑似体験ができる。

いうまでもなく、選ぶのは人間の喜怒哀楽を描いた作品です。小説でも、名作であればあるほど登場人物の感情や葛藤があらわになっている。その中で、怒りもまたさまざまに描かれています。

印象に残っているのが、綿矢りささんの『ひらいて』（新潮社）という小説。綿矢さんというのは、人間の内面の感情がどういう風に怒りに変わっていくか、そこらへんの描き方がとてもいい。一筋縄ではいかないドロドロした内面の部分です。

この作品も主人公の高校三年生の女子が同級生の男子を好きになるのですが、その男子には好きな女の子がいて、その子は小児性糖尿病なんです。それで、その間に主人公が入り込もうと、その小児性糖尿病の子と女の子同士でキスしたり、いろいろ仕掛けていく。

本当に綿矢さんは人の内面の怒りや憎しみ、それと裏腹な愛情みたいなものの葛藤を描くのがとても上手い作家だと思います。よい小説は、みな人間の内面に深く向き合った作品ですから、古今東西、いろいろ読んでみると新たな気づきがあるでしょう。

それと、本であれば建前論が多いハウツー本より、本格的なものがいい。心理学ならちゃんとした学者が書いた心理学書。古典的な名著などの方が本質的で結局役に立つと思います。

かつてないほどイライラが満ちている世の中

いまの時代は、誰もが何かしらの怒りや不満を抱えて生きています。特に経済状況が不安定で先が見えなくなってくると、誰もがイライラを募らせる。そのイライラがちょっとしたきっかけで怒りとなって爆発する。

そういう怒りというのは為政者たちにとって見れば脅威です。古今東西、国民の不満や怒りのエネルギーが高まってきた時、体制側がとる行動はその矛先を自国の政治ではなく他国に向けさせることです。

中国や韓国での日本バッシングも、日本国内のそれらの国に対する憤りも、そのような側面が多分にあると思います。

もちろん、世知辛い国際社会の中で自国の国益を守る毅然とした態度は必要ですが、同時に巧みに仕掛けられた国家のプロパガンダに乗せられない意識も必要になります。

それにしても、先日あるフリーライターの人と話したら、「最近仕事がたくさん増えてしょうがない」というのです。一見いい話ですがそうではない。「400字いくらだと思いますか？　80円ですよ」。とても割に合わない。ウェブ系の原稿料は前から安いことで知られていますが、それは紙媒体。働いても働いても少しも余裕ができないと、そのライターさんは嘆いているのです。

こういうことって実は巷にたくさん起きていて、これまででは考えられないような料金体系の仕事がたくさんある。翻訳なんて、昔は高いギャラがもらえる仕事だったはずですが、これも400字翻訳して100円とかいう考えられない値段が結構あるのです。

どうしてこういうことになったかというと、やはりネットの影響が大きい。たとえば語学の学校を出て英語なんかに堪能で、外資系の会社かなんかでOLをしていた女性がいる。それが結婚して家庭に入ったものの、何かしたい。そこで、ネットで調べたら翻訳の仕事がある。

好きな英語が使えて、それでちょっとした小遣いも入る、ということで翻訳の下請けみたいな仕事をする。お金のためじゃなくて自己実現を兼ねているから、100円でも喜んでやる。結局こういうところに引きずられ、報酬の相場が下がっていくわけです。

同じ労力でも、明らかに一昔前より実入りは少なくなっています。一生懸命働いているのにいつもカツカツ。いつまでこんな生活に甘んじなければならないんだ、という鬱憤は日本全国で相当溜まっていると思います。

こういう世の中ですから、やはり不安と怒りがどんどん溜まっていく。その怒りがコントロールを失うと犯罪につながったり、暴動になったりする。そういう意味では、自分が被害者にも加害者にもなりうる状況だと思います。

怒りは溜めずに昇華させてしまう

ネットにもちょっと触れておきましょう。よくご存じの方が多いかもしれませんが、ネットという匿名の世界にこそ、日ごろの鬱憤やストレス、怒りがそこかしこで飛び交っています。

掲示板などには、一つのことを巡って延々攻撃し合っている人たちがいるでしょう。結局はお互いの人格攻撃に堕ちてしまう。相手に怒りをぶちまけて発散しようとしているのでしょうが、結局ますますイライラしてまた別な人間に当たるという負の連鎖になっています。

そうやって募らせていく怒りというのは、とても虚しいし病的です。しかし、いまやネットの世界全体に、そのような虚しさと病いが溢れている感さえあります。もちろんネットがいけないというのではなく、その使い方が問題だということ。

ただでさえストレスが多くイライラしがちな日常において、ネットの中でさらに怒りと憎しみを増幅させる必要があるでしょうか？

それならば、前に述べた本、特によい小説を読む、いい映画を見る。自分と似たような境遇の主人公や、想像もしていなかったような内面の世界を知ることで、心の中のモヤモヤが昇華されていきます。

芸術には昔からそのような作用があった。ニーチェは処女作『悲劇の誕生』という本で、「悲劇を観ることによって観客は自分たちの内面の不条理やそこから来る悲劇的な結末を昇華する。それがギリシャ悲劇の目的であり、ひいては芸術全体の目的でもある」というようなことを述べています。

日本の能もまた、そのような怒りや憎しみを昇華するというストーリーが多い。たいていは浮かばれない魂が幽霊になって出てきて、恨みつらみを述べた後、僧侶の念仏に助けられ、舞を踊りながら成仏していく。時には激しく、時には可憐に舞う姿を見ていると、自分の中の怒り狂った鬼の部分が溶け出して消えていくような感じを覚えます。

今の時代はたしかにストレスが多いですが、昔は昔で不条理なことだらけだった。生まれたばかりの子どもも圧倒的に今より亡くなることが多かった。貧困や飢餓で肉親を失ったり、戦いで村々が焼かれ仲間が死んだり、封建的な社会の中で基本的な人権も認められず、不自由な生活を強いられていたわけです。

ですから、今以上に不満や怒り、どこにぶつけていいかわからない悲しみといった心の澱が庶民の中に溜まっていたはずです。そんな気持ちを昇華しカタルシスを得ることで心を柔らかくするのが芸能や芸術、文芸の役割でもあった。

ですから自分が怒りにとりつかれた時、あるいはとりつかれそうになったら、これらの素晴らしい先達の遺産に触れないでおく手はありません。もちろん古典だけでなく、先ほども触れたように、最近の若い人の作品にも、よいものがたくさんあります。

客観的なアドバイスをしてくれる人を身近に

あなた自身、最近怒りっぽいなと思うことはありますか？　自分で意識があるうちはいいのですが、怖いのははっきりとした意識がないのに怒りっぽくなっていたり、人に対する当たりが強くなっている場合です。

自覚がないので反省や改善ができない――。そんな時に大切なのが友人です。いい友達に恵まれている人なら、「お前最近おかしいよ」「なんだか怒りっぽくなったな」などと助言してもらえる可能性が高い。

もちろん、最初からキレてばかりの情緒不安定な人は当然友達が少ないので、そのようなアドバイスがもらえる機会は少ない。それこそが、実はとても大きなハンデです。

もし「最近どうも自分から友達が離れていってるな」とか、「あれ、そういえばなんで俺は最近一人が多いんだ？」と気がついたら、まず自分が感情を抑制できているかどうかを振り返ってみてください。

そして何か心当たりが少しでもあるなら、カウンセラーでも精神科医でもいい、専門家のところに駆け込むこと。こういうところに行くのは抵抗がある人は多いかもしれませんが、これからのビジネスパーソンのメンタルヘルスを考えた時、専門家に客観的なアドバイスをもらうのは生き残っていくうえで非常に大切な手段。実際、欧米などでは自分専属の精神科医やカウンセラーを持っているビジネスパーソンがたくさんいます。

その際に大切なのは、精神科医の場合は自分の話をちゃんと聞いてくれる相手を選ぶこと。中にはちょっと診察して薬を出すだけ、という医者もいます、自分のことをよくわかってくれて、客観的なアドバイスをしてくれる専門家が必要です。

512日間の勾留中、本当に頭にきた瞬間

怒りということについて、この章ではさまざまな視点から述べてきました。厳しいビジネス社会、職場や取引先の人間関係を築く中で、怒りという感情にどう向き合い、どうコントロールするかはとても重要なテーマ。これまでの話が少しでも参考になるなら嬉しいことです。

で、このような話をするとたいてい聞かれるのが私自身のこと。それも東京地検特捜部から訴えられ、512日間を拘置所で暮らした時のことです。私は背任と偽計業務妨害という罪で捕らえられ裁かれたわけですが、結論からいうと私自身はそんな罪を犯した認識もないし、客観的にもそういう犯罪はなかったと思っています。

私からしたら冤罪以外の何ものでもない。だとしたら512日間の不条理な勾留と取り調べに対して怒りを覚えなかったのか、というのは素朴な疑問だと思います。ところが不思議に思うかもしれませんが、ほとんどそのような怒りの感情はありませんでした。

というのも、検察が追求する罪自体は冤罪であっても、自分がこうして捕らえられ

るというのは国家の論理、権力の論理からしたら十分にあることだからです。そうして、たいていこういう場合は国家の論理に従って、彼らの望むような供述をすれば22日間で釈放してもらえるし、裁判自体も国選弁護人を雇えば20万円程度で済む。実際、この事件で捕まった他の容疑者たちは皆そういう大人の対応をしていました。

ただし私自身は国家の論理がどうあれ、自分の良心だけはごまかしたくなかった。また、罪のない鈴木宗男さんを貶めるようなことはしたくなかった。そういうシンプルな原則に従ったまでで、その結果がどういうことになるかは自分自身で知っていたし、覚悟のうえの行動なので、怒りなど湧くはずがありません。

あとは、裁判で証言台に立つ外務省の元同僚たちが次々に嘘の証言をすることに対して、怒りは覚えなかったかと聞かれることがあります。これも、私は特段怒りに震えるなどということはありませんでした。

というのも、検察に請われて証言台に平気で立つような人物は、もともとそれくらいの人物だと私自身が見切っていました。むしろ「あぁ、やっぱりこういう奴だったんだな」という認識を新たにするだけです。

そもそもそういう人たちは法廷で私と目を合わせません。ちゃんとした証言をする人は挨拶しますからね。それがこっちは正面から見ているのに向こうはオドオドしている。もうそれで勝負あったでしょう。茶番の裁判でどんな裁きを下そうが、良心という裁きの前では彼らは完全な敗者です。それがわかっているから腹も立ちません。

ただ、そんな私が一度だけ本当に頭にきたことがあります。

勾留されてすでに起訴が決まった時になって初めて、外務省の人事課員が面会に来るという。この時はさすがに怒りを覚えました。彼らが面会に来るのは心配だからではもちろんない。要するに、何か私から言質を引き出してクビにするためです。それがわかったから、「この野郎」という気持ちになりました。

じゃあこちらはどういう態度で臨むのが一番いいか。相手がこちらの言質をとるのが目的なら、会わないというのが相手に対する一番のダメージ。そこで、とにかく自分は会わない旨を拘置所の担当者に告げました。理由はともかく、弁護士を経由してくれと。

一晩独房で考えました。会わない理由をどうするか、何にするかが勝負です。そこで思いついたのがこういう理屈でした。

「会えば外交機密の話をせざるを得ない。ただし拘置所の面会所では看守が立ち会うので、外交機密が漏れてしまう。だから今回は会えない」

この旨を弁護士を通じて相手に伝えてもらうことにしました。理屈は通っているから相手も納得するしかない。こちらとしてはしてやったり、向こうはすかされた形でしょう。いずれにしても私の事件において、怒りにとりつかれて自分を失ったことはないと自負しています。

怒りが湧いてくることは人間ですから当然のこと。その怒りと上手につき合う。その知恵がビジネスはもちろん、人生を大きく左右するのです。

「怒らない」を考えるための本

『督促OL修行日記』

榎本まみ／文藝春秋

新卒入社でいきなり借金の督促をかけるという部署に配属された著者が、脅しあり泣き落としありで2000億円を回収するスゴ腕OLになるまで

『ひらいて』

綿矢りさ／新潮社

女子高生・愛がさえない同級生に恋をしたが、その彼には中学からの恋人が……。不思議な三角関係でお互い傷つけ合いながら事態が展開する

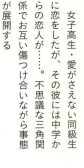

第二章　びびらない

外交の基本は相手をびびらせること

昔、モスクワのイラン大使館に行った時のこと。薄暗い部屋に通され、やたら低いソファーに座らされました。向こうは高い椅子に座って私を見下ろしている。で、その後ろではホメイニ師の大きな肖像画がこちらを睨んでいる。

なんだか心理的に圧迫感があって、思わずびびってしまいそうなシチュエーションです。ただ、私はその時チャップリンの有名な映画、『独裁者』の一シーンを思い出して、内心おかしくてしょうがなかった。

チャップリン扮する独裁者ヒンケルが他国の独裁者ナバロニと会う場面、ヒンケルは背が低いので、少しでも自分を大きく見せたいと、相手に低い椅子を用意して座らせようとします。ところがナバロニのほうも低い椅子を嫌ってテーブルに座る。そんな滑稽な場面が甦ってきました。外交の世界では、時にこのように原始的な方法で相手をびびらせてまで、交渉を優位に進めようとすることがあります。

私は猫を飼っているのでよくわかりますが、猫同士も相手に自分が優位であると示すために、できる限り背伸びをして相手より自分の目線を高くしようとします。

日常生活や仕事でも、このように少しでも相手に対して心理的に優位に立とうとしたり、びびらせたりびびったりすることって、意外と多いんじゃないでしょうか。

そもそも、私たちはなぜびびるのか。びびって相手に飲まれないためにはどうすればいいのか。「びびらない力」のつけ方、胆力のつけ方についてお話ししましょう。

自分は何に対してびびっているのかを知る

皆さんには怖いと思う相手、なんだか威圧的でびびってしまう相手はいますか？昔は「地震、雷、火事、オヤジ」が怖いものの代表とされていました。ただし最近ではすっかりオヤジの威厳や怖さは消えてしまいましたが……。

自然災害や事故など、人知の及ばないものに人間はいつの時代でも恐怖心を抱きます。ただし人間社会の中でびびる対象は時代によって変わってきているようです。

最近特に感じるのが、会社に対してびびっている若い人が増えているということです。特に上司や会社の評価を気にしている人が増えた。ビジネスパーソンなら誰でも多かれ少なかれその傾向はありますが、特に最近顕著に感じます。まぁ、厳しい経営環境で職場内の規則や規範が厳しくなっているから当然といえば当然ですが……。

日本に米国流の新自由主義が導入されたことが大きい。社員同士が競争原理のもとでバラバラになった。お互いが競争相手になってしまったから、チームを組んで力を合わせるとか、先輩が後輩の面倒を何かと見るとか、そういう空気じゃない。

そのせいかオフィスも一昔前に比べて随分静かになったようです。特にIT関係の職場なんて、広くてきれいなフロアに机がたくさん並んでいて、人も大勢座っているのに話し声が一切しない。ただひたすらパソコンのキーボードを叩く音だけが響いている。社員同士の会話がほとんど聞こえない――。

会社によっては、会話をすることを禁止しているところさえあります。ある人が実際に体験した話ですが、会社の同僚とお昼を食べに行ったら、それだけで部署を変えられた。コミュニケーションが認められているのは上司と部下の関係だけだと。そんな会社もあるくらいです。

お互いのコミュニケーションが希薄で存在がバラバラですから、それだとやはり不安になる。そこで自分の存在感とか組織の中での位置を確認するのは、上司とか会社という「タテのラインでの評価」しかなくなる。だからやたらと上司や会社の顔色をうかがい、彼らの一挙手一投足にびびってしまうわけです。

日本全体が大きな一つのムラ社会に

そこまで顕著でなくても、周囲の目や評価を気にする傾向は一昔前よりは確実に強くなっています。たとえば、少し前なら若い編集者ほど思い切った企画をぶつけてきたものですが、最近は若い人のほうが無難でまとまった企画を出してくる。

ある意味賢いのでしょうが、ちょっと面白みには欠ける。突出しないように、目立たないように周囲の空気を読んでいるのでしょう。

この傾向は職場だけじゃなくプライベートにも見られます。ツイッターでもフェイスブックでも、相手がどんな評価をしてくれるか、反応がないと不安になってしまう。若い人ほど人の目を気にしすぎる傾向があるようです。皆さんはどうでしょうか。

よく指摘されることに、最近の20代男性は一人で昼食を食べられない人もいるそうです。たとえば、大学生の中には一人で食べているところを見られたくないばかりに、トイレで食事をする人がいるという話が一時話題になりました。

たしかにいまお昼に街に出ると、何人かでつるんで食事をしている若い男性社員が目につきます。逆に若い女性のほうがスタバとかで一人メシをしています。かつて、つるむのは女子というイメージがありましたが、いまの世を反映しているというか、こんなところでも男女逆転現象が起きているんです。

周囲と同じでなければならない、一人勝手なことをしてはいけないという雰囲気や圧力を「同調圧力」といいます。これは社会の中であきらかに高まっていると思います。本来、この圧力が強かったのは農村などのムラ社会です。

かつて農村には五人組などの制度がありました。農業は特に共同作業で、水の割当てから土地の使い方まで、一人がおかしなことをするとその地域の全員が迷惑する。だから勝手なことはできないし、させない。しかも田舎なのでお互いの生活がよく見える。いい意味では助け合いの世界ですが、監視し合う社会でもあります。

そんな同調圧力の高い田舎の生活から逃れようと、都会に出てくる人もいたはず。ところがマスメディアやインターネット、ＳＮＳなど高度情報化社会のもとで情報が共有されると、必然的に同調圧力も高くなる。都会も本質的には農村と変わらない、部分的に新たなムラ社会ができてきているといえるのではないでしょうか。

日本全体で、いくつものムラが急速に増えていると考えれば、若い世代がやたら周囲の目や評価を気にするという動きも納得いくのではないでしょうか。

怖いのは、そうした同調圧力を受けて自分を抑え込んでいると、それを破って突出しようとする人に激しい憎悪や怒りを覚えたり、攻撃するようになることです。「自分はこれだけ抑えているのに、アイツばかり勝手にやって許せない」というように。

フェイスブックという表の世界では「いいね」を連発する紳士的な人物が、裏アカウントでは他人を攻撃し悪態をつく人物に豹変する。そんな二重性がいまや当たり前になっていますが、背後にはこのような心理的葛藤があるのかもしれません。

何に対してびびるか。少し掘り下げただけでも、このようにいろんなことがわかってくる。さて、あなた自身がいま一番びびっていることは何でしょうか。

人間はよくわからないもの、不可解なものに対してびびる

チェコ人のヨハン・アモス・コメニウスというプロテスタント神学者は、「人間は限界のわからないものに対して恐れを抱く」といっています。対象や相手をよく知ら

ないからこそびびるというわけです。

「幽霊の正体見たり枯れ尾花」という句がありますが、まさによくわからない相手に対して私たちはいろんな想像を働かせる。その想像が恐怖を招きびびってしまうわけですが、その正体を見たら、なぁんだというのは日常的によくあることです。

つまり、びびらないためには相手や対象を知り、相手の本質や意図を見極めることが重要です。外交の世界では「相手の内在的論理を知る」という表現をします。相手の価値観はどのようなもので、どんな意図と論理で行動しているのか。それがわかれば、相手が何をいおうがどんな威圧をしてこようが、冷静に対応できる。

たとえば北朝鮮がミサイル発射の準備をしている。衛星写真には移動式発射台が確認され燃料が注入されている。そして、「いまや戦争状態だ。我々は日本も狙っている」などと威嚇するような状況が少し前にありました。

相手の「内在的論理」がわからないと、その言葉を額面通りに受けとって、すわ戦争かとパニックになってしまう。ただし、相手はそうやってこちらを交渉の席に着かせたい、特に米国に交渉を持ちかけたいというのが本意。

一連の軍事的な行動はそのためのものだという相手の「内在的論理」がわかれば、

必要以上に恐れることはなくなります。

ですから、もし皆さんの周りにびびってしまう相手がいたら、そんな時ほど相手をよく見ることです。怖がって目をそらしたり無視することが一番いけない。そうすると相手が見えなくなり、見えなくなるからこそますます恐怖感が大きくなる。

実はたんなる枯れ尾花なのに、幽霊だとかモンスターにまで妄想が広がっていくこともあるのです。

拘置所で体験した検察の取り調べなんて、まさに相手をびびらせるノウハウのオンパレード。彼らはまさにそういう意味でのプロですから、当然といえば当然です。

特に特捜の常識として「官僚、商社マン、銀行員、大企業社員といったエリートは徹底的に怒鳴りつけ、プライドを傷つけると供述をとりやすい」そうです。

エリートほど落とすのは簡単だと。「お前は社会のクズだ！」「犯罪者だ！」となじられると、彼らはこれまでそんな体験はないですから、一気にそれまでの自信を失って検事のいいなりになるそうです。特捜ではこれを「相手を自動販売機にする」と表現します。一度プライドをズタズタにされ存在の危機に陥ったエリートは、以降はどんな虚構でも検察に都合のいい供述をするようになる。

私の場合も担当の検事がそのように脅しにかかってきたことがありました。ただし、各国の外交官や要人たちとそれこそハッタリや脅しの中で駆け引きしてきた私は、そう簡単に相手の戦略には乗りません。

まずは、相手の検事の人となりをできる限り把握することに全力を注ぎました。相手を知らなければどんな戦略も立てられません。

夜の取り調べで検事が席を外し、若い検察事務官が取り調べ室で一人になったところを見計らって雑談をする。被疑者と事件に関する話をしてはいけないという決まりになっているようなので、食事や官舎などの話から始めます。雑談ではなく、担当検事の人となりをそれとなく聞き出すのが目的です。

その結果、担当検事は常識人で周囲からの人望も厚いこと、彼が最も恐れているのは私が黙秘をして供述調書がつくれなくなってしまうこと、午後3時と午後8時半に毎日検事同士のミーティングがあり、検事たちはそこで毎日何らかの成果を発表しなければならないことなどがわかりました。

相手の性格がわかり、望んでいることがある程度つかめれば、こちらの出方や対応も決めることができます。私は担当検事が毎日何らかの成果を上げなければいけないことを知っていたので、むしろそれを担保にすることで、相手との建設的な関係がつくれると踏みました。

ここまで分析できれば、もう相手が脅しにかかってきても必要以上にびびることはなくなります。担当検事も相当な人物で、私のそのような戦略に気がついたのか、無謀な取り調べはその後ほとんどありませんでした。強引に調べようとしたら完全黙秘する。その気配を察知したのでしょう。

相手を知ること、相手の「内在的論理」を知ることで、私たちはむやみにびびることがなくなります。そのためにも、いま自分がびびっている相手にこそ、目をそらさず向かい合うことが大切です。

世の中はびびらせることで成り立っている

嫌な話ですが、いまや世の中全体が相手を不安にさせ、びびらせることで回っているという現実があります。

「いまの食生活では老化が進みます」とか「ガンになってしまいます」とか、消費者を不安にさせて商品を買わせる。コマーシャルもそんなのが多いと思いませんか？

結局これも、資本主義の世の中だからということにつながってしまいます。商品をたくさん買ってもらわないと経済が回らない。そのために手っとり早いのが消費者を不安にさせ、その不安を解消するために商品を買わせるという図式です。

先ほどの健康食品にしても、教育関連の商品や金融商品にしても、結局は消費者の不安を利用する形で売る。そのコマーシャリズムに乗って不安になり、びびってしまう。結局必要のないものまで買ってしまうなんてこともあります。

たちの悪い新興宗教の勧誘も、悪徳商法も本質的には一緒。新興宗教なら「いまのままでは不幸になりますよ」と不安を煽りながら信者として入会させ、お布施などと称して高額のお金を巻き上げたりする。

また、訪問販売の人が来てタダで水質検査をしますという。すると事細かにこんな成分が出たと検査結果を見せる。この成分は発ガン性だとか、子どもには特に悪い成分だといって不安にさせる。

不安になったりびびったりすると何が一番いけないか。冷静な判断ができなくなってしまうのが一番よくない。たとえば発ガン性の物質などというものは、およそどんな食品にも多かれ少なかれ存在するわけです。

大切なのはどの程度の量が含まれているのか、他との比較で危険性がどれくらいあるのかを客観的な事実と数字で理解すること。ある物質が検出されたからといって、それだけでアウトということはありません。

そんな理性的な判断もできないと、ただ「水道水からトリハロメタンが出た！　これは危ない！」というような、初歩的なレトリックにさえ惑わされてしまうわけです。

相手を不安にさせて購買意欲を煽る現在の消費社会では、つねに自分が何に対してびびっているのかを意識するとともに、それが仕掛けられたものでないかどうかを検証することが肝要です。

状況を類推できれば恐怖心は消える

必要以上にびびらないようにするには、相手を知ることだといいました。相手の特徴や人となりや実力を知ると同時に、相手がどういう意図で臨んできているのか、何を狙っているのかを判断する。

私に普通の人よりその能力があるのは、やはり外交、インテリジェンスという分野でつねに相手の力を測り、相手の「内在的論理」を見抜く仕事をしてきたという経験からです。

その中でも、旧ソ連が崩壊するという未曽有の出来事を直接体験できたのも大きい。それまで社会に君臨していた人が一気に落ちていったり、逆に下にいた人が急に昇り詰めたりするのを目の当たりにしました。

そうかと思えば、モスクワ市内で戦車が大砲を撃つ場面に遭遇したり、ルーブルの高額紙幣がある日突然無効にされ紙切れになったり……。100年に一度と呼ばれる出来事を体験できました。

また北方領土交渉の関係でもさまざまな人たちとのやりとりがあったし、国策捜査で1年半も勾留されるという、おそらく通常ではありえないような特異な体験もしました。そんな中で、嫌でも身についたものがあると思います。

ただし、同じような体験を皆さんができるかというと、それはなかなか難しい。私はだからこそここでも代理経験の重要さを強調したいと思います。つまり実際にそのような体験をした人から話を聞く。怖い体験をした人、びびるような体験をした人などからたくさん話を聞くことです。

本人から直接聞けないのなら、本や映画でもいい。冒頭のイラン大使館での出来事も、私の頭にチャップリンの映画のシーンが甦ったから、冷静に、客観的になれたわけです。

代理経験も含めてさまざまな経験をしておけば、何かびびるような場面に出くわした時でも、「この人は前に会ったあの人に言動が似ているな」とか、「いまの状況はあの本に書かれていたあの状況にそっくりだ」と対象を冷静に分析できます。

この分類とか類比、英語でいうアナロジーですが、これができるようになるとずいぶん違う。先ほども述べたように、相手がよくわからないから恐怖心が生まれてびびってしまうのです。対象が自己の経験値の中で、何らかのカテゴリーに振り分けられていれば、そのような恐怖心に陥ることはありません。

アナロジーや分類が上手くいけば、直面している問題や出来事のこれからの展開をシミュレーションできる。その対象や出来事がこれからどうなり、どんな結果につながるのか。それが予測できるようになったら、もはやびびることはないはずです。

時にはびびって逃げるべき場面もある

びびらない力、胆力のつけ方をここまでいろいろ説明してきましたが、中には大いにびびらなければいけない場面もあります。たとえば新宿の駅かどこかで怖そうな人たちに囲まれそうになった。そんな時は一目散に逃げるべきです。

彼らと対決するとか、理屈で説得しようとしても無駄です。相手はあきらかにお金かお金になりそうなモノを奪おうと近づいてきている。そんな相手に対してはとにかく逃げる。

ビジネスの現場でもそのような場面があります。たとえば押し売りのような人間が来て、なんでお前の会社はうちの商品を買わないんだと因縁をつけてくる。あるいはお店などでも突然怖い顔の人がやってきて、「おしぼりはいらないか」とか、「観葉植物はいらないか」と聞いてくる。

そんな時は面と向かって相手の言葉に反応してはいけません。たとえば「いや、ウチは使い捨てのおしぼりしか使わないから」などと断ろうとすれば、「こちらにも使い捨てのおしぼりはある」といわれる。「タオルなら必要だけど、おしぼりはいりません」などと断ろうとすると、「タオルも扱っている」などとからみついてきます。相手はこちらに断る理由をいわせて、それを一つずつ潰してくる戦略ですから、とにかく理由をいわないこと。ただ一言「契約自由の原則に基づいてうちは取引しません」と突っぱねる。契約自由が法的に認められていて、買うか買わないかの判断は当然自由。その原則だけで押し通す。こちらを食い物にしようと虎視眈々と狙っている連中に対しては、大いにびびってシャットアウトする必要があります。

逃げてはいけない場面で逃げ、逃げるべきところで逃げない。そこのところがチグハグな人が結構多いです。いじめの問題なんて特にそうで、自分の子どもがいじめに遭っていたら、無理して学校に行かせる必要などありません。

相手はそれこそ理屈の通じない連中です。そんなところに無理に行かせても問題が改善するわけがない。こういう時こそ逃げるべきなのです。親であれば子どもに逃げていいぞと、学校に行く必要などないというメッセージを発してやるべきでしょう。

それを「逃げるのはよくない」などとトンチンカンなことをいったりするから、子どもは追い詰められて最悪の結果、自殺にまで至ってしまう。

どうにもできないこと、理屈や道理が通じない相手、自分の力よりはるかに強力な相手に対しては下手に対抗しようとせず、大いにびびって逃げるべきです。

『太平記』の中で楠木正成がある合戦をする際、「大河の濁流の中を歩いて渡るとか、虎と素手で戦うような人とはつき合わない方がいい」と話すくだりがあります。そういう一見勇壮な人物を合戦の時に用いると、むしろマイナスになる。それは勇敢ということでなく無謀な人だというのです。そういう無謀な人に近づかないこと。

世の中にはびびらず面と向き合わなければいけないことと、大いにびびって逃げた方がいいことがある。大切なのはその見極めであり、仕分けなんです。

自分の力を見極めることが先決

びびってはいけないものとびびるべきものを仕分けるには、前提として自分の力を知っておく必要があります。

たとえば仕事でも「自分にはちょっと難しいかな」くらいの負荷のかかる仕事をこなすことで、自分の限界を知っておくことです。自分の力が客観的にわかるだけでも、仕事を頼まれた時の不安は少なくなる。

それがいつも自分の処理範囲の7割くらいの仕事しかこなしていないと、自分の能力を超えた仕事を引き受けてしまうことになる。あるいは逆に必要以上にびびってしまい、大きな仕事の話が来た時に、せっかくのチャンスを逃してしまう。

実は外交の世界、インテリジェンスの世界では、ある程度のキャリアの人間に上司が仕事を振る場合、上からの命令だからと無理にやらせることはありません。原則として部下がその仕事なら十分こなせると応え、納得したうえでなければ仕事を任せないのです。

というのは、インテリジェンスの世界においては重要な案件になればなるほど、時には自分の命がかかったハードな仕事になる。その時現場で担当する人間が無理やりやらされてイヤイヤながらやっているとか、びびりながらやっているという状況では、失敗する確率が高くなる。

皆がそういうことを知っているので、この世界では無理強いの仕事はさせない、というのが基本的な姿勢になっています。

私も自分の力を大きく超える仕事を頼まれた時は、正直に「いまの自分ではこなせる自信がありません。それに、無理をすれば課や省全体に迷惑をかけます」と上司にいいました。上司も理解してくれて、これは別の人間に回そうとなりました。現状の自分の力を客観的に把握すること。それと同時に、本当にびびったほうがいい仕事がはっきりする。それと同時に、本当にびびったほうがいい仕事も見えてきます。

そのためにも、常日ごろから多少負荷がかかる仕事をこなして、自分の限界を知っておく必要があります。

日本人が本当にびびらなければいけない相手とは

ここで少し視点を変えて、国家レベルの話にも触れましょう。最近は中国や韓国との領土問題（尖閣諸島をめぐる領土問題は存在しないというのが日本政府の立場ですが、客観的には問題が存在します）、北朝鮮のミサイル発射問題など、北東アジアの緊張が注目されています。

ただし、私たちが本当にびびるべき相手は韓国でも中国でも、まして北朝鮮でもありません。特に北朝鮮に関しては、国力を考えればほとんど恐れるに足りない国であることは明白です。ただし会話の窓口だけはしっかりと確保しておかなければなりません。交渉の余地さえあるなら、どんな状況であれ北朝鮮は他国へ攻め込むなどという無謀なことはしないでしょう。

あとは中国ですが、いまなぜ問題が起きているかというと、実はこれまで中国は大陸国家で海洋には関心を示さなかった。それが最近になって海洋資源などに興味を示して海洋国家になろうとしているからなんです。

実際、中国海軍の増強ぶりには目を見張るものがあります。ウクライナから旧ソ連製空母を購入したり、国産の空母の建造にも着手したりしています。そんな中国の動きを警戒する向きもありますが、まだまだ海洋国家としては新参者です。

実はそういう意味でも、日本が一番びびらなければいけない相手は米国なんです。米国こそは、戦前から日本と覇を競った海洋国家でした。太平洋を挟んだ日本と米国という二大海洋国家は、いずれ衝突する運命にあったわけです。

その結果は皆さんよくご存じのとおり。圧倒的な米国の国力、軍事力の前に日本は完膚なきまでに叩かれた。そして現在でこそ同盟国ということになるのですが、お互い海洋国家であるという点では戦前と一緒です。

ですから、日本は米国に対してもっともナーバスにならなければいけないんです。

その本質からして、日本がびびるべき相手は米国であると。

安倍総理がＴＰＰ加盟をいち早く宣言したのは、非常に賢明な判断でした。ＴＰＰというのは、日米の関係を考えた時には入らざるを得ないのです。

一見、関税障壁を撤廃するというＴＰＰは自由貿易の象徴であるかのようですが、本質は全く違う。米国の狙いは、中国の台頭をもはや一国で抑えることは難しいため、日米軍事同盟、米豪軍事同盟、米ニュージーランド軍事同盟をひとまとめにして、それをかぶせる経済体制をつくりたい。これがＴＰＰの本質であり狙いなわけです。

ですからＴＰＰとは自由貿易ではなく、ブロック経済の復活というのがその本質です。経済協力の体をなしながら、本質は同盟なのです。ですからこの枠組みから日本が外れることはまずありえません。

もし別なシナリオがあるとしたら、中国と経済・軍事同盟を結ぶか、あるいは核を保有して独自に他国とのパワーバランスを保つ。いずれにしても現実的にはありえない話です。ＴＰＰ自体にはいろいろ不安な部分はあるかもしれませんが、そういう大きな国際的枠組みと米国との関係を考えれば、到底逃れることのできないものだというのが私の結論です。

びびるべき相手は、戦後70年たってもやはり米国なのです。その現実から目をそらしてはいけません。自分の力より圧倒的に大きなもの、自分の限界を超えているものに対して虚勢を張ることは危険です。

かくいう私は国策捜査に異を唱え、512日間も拘置所生活を耐えたので、一見すると国家に対してびびらずに、自分を主張しているように思われるかもしれません。

しかし本当のところは自分ほど国家の恐ろしさが身にしみている人間はいない。びびらないどころか、私は国家に対してはある意味で大いにびびっています。

今でも領収書はしっかりとっておきます。電車に乗った時も金額をメモしておいて、伝票処理を忘れずにしておく。えてして、後から思い出そうとしても忘れてしまっていることが多いですから。あとは横断歩道でも、車が来ないからといって信号を無視して渡らない。しっかり交通規則を順守しながら街を歩いています。

なぜそんな細かいところを気にするのかといえば、国家権力がその気になったら、そんな細かいところからケチをつけて入り込んでくることをよく知っているからです。

実は、国家こそびびるべき最大のものかもしれません。でも皆さんはご安心を。普通に生活しているぶんには、国家が個人に牙をむくことなど、まずありませんから。

「びびらない」を考えるための本

『すべらない敬語』

梶原しげる／新潮新書

人間関係が上手くいかず不安になると、それがびびることにつながる。相手との関係を円滑にする敬語を知ることはその意味で非常に有効だ

『ソロモンの指環
―動物行動学入門』

コンラート・ローレンツ／ハヤカワ・ノンフィクション文庫

びびったりびびらせたりする行動は、動物の世界でこそ頻繁に行われる。動物行動学を知ると、人間の日常を読み解くことができる

第三章　飾らない

日本人に息づく〝飾る〟文化

よく、「飾らない関係」「素でつき合える関係」がいいことであるかのようにいわれます。でも、そもそも飾ることがダメで飾らないことがいいなんて、そうそう簡単には決められません。「飾らない」とか「本音」とか「素」という言葉があると、それを絶対的なものに捉えがちな人が多い気がします。「飾らない関係」とは何かを考える前に、そもそも「飾る」ってどういうことかわかっていないと。

身近な例で考えてみましょう。もし飾らないことが善で、飾ることが悪であるなら、化粧することや着飾ることはどう考えたらいいのでしょう。最近では男性でも化粧する人がいますが、きれいになりたいとか美しくありたいという気持ちは大切です。男性も女性も、やはりきれいで美しいものに魅かれる。動物だってオスがメスの関心を引くために擬態をするでしょう。一生懸命飾るから子孫を上手く残していけるわけです。

昔から、日本の文化は飾る文化だといっても過言じゃない。たとえば平安時代の十二単などは過剰な装飾だともいえます。機能的に見たらあきらかに不要なものをたくさん着込んでいますが、十二色の重なりが独特の美しさを感じさせる。

江戸時代の花魁の衣装なんてまさに飾りの極致。高下駄をはいて、きらびやかな衣装をまとい、頭はたくさんのかんざしで飾り立てる。その伝統が、長いつけまつ毛に髪を大きく膨らませる、キャバクラ嬢の「盛り」スタイルにまでつながっているわけです。

言葉自体もそうで、日本語には修飾語が多い。特に古文などを読めば、私たちの言葉に形容詞や形容動詞などの修飾語がいかに多いかわかります。

文章の構成だって「起承転結」と途中で「転」を入れるのをよしとしますが、これも一種の飾りといっていい。頼山陽の俗謡で、「京都置屋に娘が二人」「上は十八、下は十六」と起・承が続くと、「諸国大名は弓矢で殺す」と転が来て、「女二人は目で殺す」で結となる。話の趣旨としては、転などなくても通じる。でもある方がしゃれていて説得力が出る。いきなり結論をいう前にひと呼吸置くんです。

九鬼周造の『「いき」の構造』(岩波書店)によれば、「いき」とは全部いわずに一つ手前で止めることだといっています。いきなり全部説明したら野暮になる。全部いいきらずに、その一つ手前でやめておく。つまり「実体から少しずらすこと」や「ぼかすこと」が「いき」であり、私たち日本人に受け継がれている文化だというのです。結局は本当のことをいわないで曖昧にする。本音をあからさまにいわないということは、すなわち「飾る」ということにつながってくるわけです。

そこまで考えると、飾ることがよいとか悪いとか、もはや一概には分けられない。飾るということは虚構、フィクションですが、われわれの先輩たちは虚と実、その狭間で揺れながら、上手に駆け引きして生きてきた。ですからSNSでいい子ちゃんを演じるのに疲れて、匿名では誹謗中傷を平気でする現代の人たちは、その虚と実の狭間、その微妙な距離感や綾を失っている。どちらか一方に極端に振れてしまうわけです。

相手との〝自然な距離感〟こそが重要

虚と実、この微妙な綾がわからないのが、実は偏差値教育の優等生である官僚たちです。頭脳は明晰ですが、持ち前の合理性ゆえに1か0かというコンピュータの演算的な思考しかできない人が多い。

官僚の職業的良心、価値観とは何か。国をよくするとか国民の生活をよくするとか、そんなことじゃありません。彼らが一番気にしているのは出世です。自分が省内でどの立場までいけるか？　課長止まりなのか局長や事務次官までいくのか？　ライバルは誰と誰なのか？　そういうことが彼らが仕事をするうえでの最大の関心事です。

彼らが一番頼りにするのは政治家であり有力者。将来を嘱望されている政治家や権力者にはとにかくおもねって、彼らとの関係を深くしようと時には涙ぐましい努力をします。

たとえば、彼らは飲み会の席などでわざとバカをやる。私が目撃したこんな例があります。飲み会の席で一人の国会議員が突然立ち上がり、「○○先生！　私は先生の前では何一つ隠しだてしません」といいながら、全裸で裸踊りを始める。すると今度は外務官僚が「全裸にはなれませんが、私だってこんなことができます！」。そういいながら服を脱いでブリーフ1枚になり、芸者さんから借りた口紅で腹に顔を書いてヘソ踊りを披露する。バカなことをしている自分を出して、有力者に気に入られようとアピールするわけです。

東大文系で一番偏差値が高いのは、法学部ではなく教養学部教養学科の国際関係専攻。そこを卒業したある官僚は、有力者の前に突然正座して「先生、私、実はいま職場の若い女の子と不倫をしているんです。だから女房とは上手くいっていません」と話し出す。

一瞬「?.?.?.」でしょ。それで、「先生、今度私の誕生日がくるんですが、女房からも誰からも祝ってもらえないんです。先生、私の誕生会をやってもらえませんか」って滔々と語り出しました。

聞いてるほうは引くだけでしょう。いきなり自分のプライベートや誕生日の話をされても。でも自分の裸やプライベートの事情を包み隠さず出すことで、本人はさらけ出した関係、飾らない関係を築けると思っているんです。

結局彼らは相手の懐に入るどころか敬遠されました。当然です。彼らの行動の裏には人事でよくしてもらおうとか、仕事で優遇されようという打算がある。表面上は飾らない自分を出してはいてもしょせん演技だし、逆にそれが「飾り」になってしまっている。いびつで不自然な感じがします。

飾らない関係とは、けっして相手に自分のすべてを見せることじゃない。大事なのは相手との距離感であり、その距離感に応じた自然な関係です。その「間合い」がわからないから、突然裸になったり身上告白をしたりする。九鬼周造的にいうなら「野暮」なんです。「いき」の対極です。

「自分を大きく見せたい」という意識が利用される

会社の先輩や同僚と飲み屋で話していて、自分の知らないことが話題になる。よくあると思いますが、そんな時皆さんはどうしていますか？　本当はよく知らないのに、知っているようにとり繕うこと、あるのではないでしょうか。

「それ知りません。教えてください」という言葉、私たちはなかなかいえません。馬鹿にされたくないとか、低く見られたくないという意識は誰にでもあります。逆にいうなら、自分を大きく見せたいというのは本能に近い。鳥などが羽を広げることで大きく見せて威嚇するのと似ています。

人間の「他人から評価されたい」という願望は、言い換えると「優越欲」になります。他人よりも自分は勝っている、優越しているということを示したいわけです。知らないということは他者より劣っていることを認める行為でもありますから、どうしても「知ったかぶり」してしまう。

ただし、これは人間の本性というだけでなく、いまの競争社会がつくり上げている部分も大きい。資本主義の世の中は基本的に自由な競争が前提になっていますから、競争して勝ったものが上に行き、権力や富を得ることができる。その競争の中で、少しでも自分を大きく見せる必要がでてくるわけです。

京都大学医学部出身で少年院の監察医として働いている岡田尊司先生が、『マインド・コントロール』（文藝春秋）という本で非常に面白いことをいっています。

少年院で少年犯罪を見ていると、ある共通点があることに気がつく。カルトとか暴力団とか暴走族に入って法を犯す人の多くが、そういう組織の中である種のマインドコントロールを受けているというんです。

というのも、そういう組織には独自のルールができあがっていて、その中で評価されるために自ら進んで犯罪的な行為に走るという構図がある。かつてのオウム真理教などはまさにその典型で、尊師である松本智津夫に認められることで、組織化された階層を上がっていく。

若い信者たちがこぞって罪を犯した背景には、自分の存在を大きく見せたい、上に昇りたいという優越欲求と、尊師に認められたいという承認欲求を巧みに利用され、お互いの競争意識の中で犯罪に突っ走ったという構図があります。

法を犯す人の心理を探ると、多かれ少なかれそのようなマインドコントロールが影響しているといわれますが、それはけっして反社会的な集団や犯罪集団の中だけに見られることではない。いまの世の中にもよくある構図だと岡田氏は指摘します。

たとえばＩＴ企業だとか証券会社といったイケイケの会社などは、マインドコントロール的な要素がかなり高いと想像できます。個人の成績をグラフにして貼り出し、成績のいい人と悪い人がひと目でわかるようにする。競争意識を刺激しながら、毎朝社訓や目標を大声で唱えたり、成績優秀者を皆で讃えたりといった一種の儀式を行う。

そんな中にいると、次第にそのルールの中で少しでも上に行くことがすべてのような感覚に陥ってしまい、これが極端になるとブラック企業のようなものにつながる可能性もある。いまのビジネス社会そのものに、マインドコントロール的な部分があるわけです。

ポイントは、自分を大きく見せたい、飾りたいという意識が強い人ほど、このカラクリにすっかりはまってしまうことです。コントロールする側が仕掛けた評価制度や競争原理によって、まるで車輪の中のモルモットのように延々と走らされ続ける。

私たちの社会には必ず何らかの階層があり、そこで這い上がっていくにはそれなりのルールや評価体系、制度があります。社会というものが本質的にそういうものである限り、私たちはマインドコントロールから完全に自由であることは難しいかもしれません。

ただし、そういうものにどっぷりと浸るのではなく、引いた目線でそのカラクリを認識しておく。どこか冷めた目で世の中を客観視し相対化することが大事です。

そういう目線を持っていれば、極度に自分を飾ろうとする意識も多少和らぐのではないでしょうか。優劣意識から離れてしまえば、知らないことを知らないといえるようになる。飾らず、ありのままの自分をさらけ出すことに抵抗感もなくなってくるはずです。

『吾輩は猫である』に見る近代社会の「飾り」

競争社会が飾ることを促す構図に触れましたが、これは近代以降の社会の変化と大いに関連があります。近代以降、封建的な社会から民主主義、自由主義の社会に転換していくわけですが、これによって身分制度が廃止され、社会がフラット化したことが大きい。

西欧でも日本でも、身分制度がしっかり存在している封建的な時代には、自由は限られていたものの競争意識はそれほど強くなかった。そのような時代は身分によって話す言葉も違っていたし、立ち居振る舞いも服装も決まっていました。

たとえば、英語では「レディース&ジェントルマン」とレディの方を先に呼びます。なぜジェントルマンよりもレディが先なのか。単にレディファーストの国だからと考えがちですが、実は身分の違い。レディの階級は「lord」で、ジェントルマンの語源になった「gentry」より身分が上なんです。だから先に呼ぶわけ。

日本だって江戸時代は身分によって違いが明確でした。町民は基本的に帯刀が許されませんでしたし、たとえ許されたとしても二刀差しはできず一刀まで。服装や行動が細かいところまで決められていたわけです。

こういう社会では、その身分を超えて自分を飾り立てることはできません。また、そうやって目立つ必要も今よりはるかに少なかったと想像できます。競争のないスタティック(静的)な社会では、自分を必要以上に大きく見せたり飾ったりすることはないんです。

ところが近代になって身分制度が廃止されて社会がフラットになった時から、社会はダイナミック（動的）なものに変質します。

身分制度がないということは、自分の存在感を示すために自分を大きく見せる、飾ることが重要になってきます。

同時に競争意識も生まれてきます。福澤諭吉は「天は人の上に人をつくらず、人の下に人をつくらず」と平等主義を謳いましたが、同時に学問の大切さを説くわけです。つまり身分に関係なく学問を修めたものが上に立って国や社会を引っ張っていく。

これを言い換えると、身分ではなく学問によって優劣をつけるということなので、義務教育のもとで全国民を巻き込んでの学問の競争がここから始まった。福澤諭吉の言葉は、学歴社会や偏差値社会といった競争社会の大元だともいえるわけです。

つまり社会がフラット化する、自由になるということは、それだけ競争原理がはびこることに他なりません。そんな封建社会から近代社会へと移り変わる際の、人間の自我の不安や孤独を小説という形で描いたのが夏目漱石でした。

『吾輩は猫である』の中で、漱石はやたらと自分を飾ろうとする近代人の滑稽さを、猫の目を通して描いています。西洋に詳しい人物が西洋料理屋に行き、ありもしない料理「トチメンボー」を注文します。連れられてきた人物もボーイもからかわれているのですが、ボーイもしたたかに「いま材料がないのでつくれない」と答える。

主人公とそれをとり巻く友人たちのやりとりは、知識や教養の見栄の張り合いやからかい合いが中心で、近代教養人たちの不毛な会話や関係を面白おかしく揶揄しています。近代という時代、身分がなくフラットな時代が生んだのは、実は競争意識であり自分を大きく見せようとすること、つまりは自分を「飾る」意識だった。漱石は、猫を通してそんなメッセージを投げかけます。

身分制度がはっきりしていたころは、ある意味自我をその身分の範囲で留めておき、それによりかかることで自分の存在証明ができた。しかしそれがなくなったことで、人々は新しい物差しを求め、競争しながら自分の位置を確認せざるをえなくなったわけです。

自分を「飾る」というテーマを考えることで、このような時代の流れを分析することもできるのです。

職場でのハッタリは命とり

とはいえ、飾ったり自分を大きく見せるのは私たちの本能的な行動でもある。人間の男性だって、女性に対してはできるだけ自分を大きく見せようとします。いまでこそワリカンも多いのかもしれませんが、私たちが20代30代のころは、デートでは男性がお金を払うというのが当たり前でした。学生時代などは男性だってお金がないのに、なぜか無理して高い店に行き、なけなしのお金を払う。

見栄や体裁、ハッタリだといえばそれまでですが、女性の関心を引くためには、多少の無理も必要になる。それがまた人生の経験になったりするんです。女性もまた男性の関心を引こうと化粧したり着飾ったりすることが日常になっています。異性に対するハッタリや飾りは必要だし、ご愛敬。それがあるからこそお互い刺激し合い、恋愛が生まれる。

ただし自分を飾ることが許容される場と、されにくい場があります。特に職場でのハッタリや飾りは長くは持ちません。自分を大きく見せようとすることはマイナスになることが多く、時には致命傷になるので十分気をつけましょう。

仕事は結果が求められるので、どんなに自分を飾って大きく見せても、時間がたてば必ず結果として自分の実力が明らかになる。メッキは必ず剥げるんです。その時自分を大きく見せていればいるほど、「何だあいつは、嘘つきだな」ということになる。いったんそういうレッテルが貼られると、なかなか覆すのは大変です。仕事のうえでは自分を飾らずに、わからないことはわからない、知らないことは知らないと正直にいう。できることとできないことを自分の中で明確にしておく必要があります。

成長できる人は、自分の周りにいざという時に助けてくれる人をたくさん持っている。自分の部署だけでなく、他部署にまで相談やお願いをできる味方がいるかどうか。

なぜそういう味方がたくさんできるかというと、そういう人は変に自分を飾ったり、大きく見せようとしたりしません。「これがわからないので、○○さん教えてください」とか、「○○さんの力がどうしても必要です」とか、上手に甘えることができる。

人は他人から頼られて悪い気はしません。それを突っ張って自分を実力以上に見せようとしていては、味方になってくれる人も敵に回してしまいます。

仕事や職場で、自分を大きく見せようとする飾りは、いろんな意味で損をすることの方が多いと断言できます。

酒が飾りの下にある本当の姿を明らかにする

政治家や実力者にとり入る際には時として涙ぐましい擬態や飾りをする役人でも、日常の仕事の現場では、見え透いたハッタリや嘘はほとんどつきません。

というのも、仕事柄あっという間にメッキが剥がれ落ちてしまうから。外交官の場合、語学の実力をどれだけ飾っても現場に出ればすぐ判明してしまいます。

私自身も、飾ったり大きく見せようなどとはまずしませんでした。省内ではもちろん、外国の要人に近づく時も自分を飾っていては絶対に受け入れてくれません。特にロシア人はそういうことに敏感です。少しでも自分をとり繕っていたり、ごまかしていると、敏感にそれを察知して警戒します。心を開いて向き合ってはくれません。

ロシア人が心を開くきっかけの一つはお酒です。モスクワの日本大使館にいたころ、向こうの要人や外交官と一緒に酒を飲む機会が多くありました。彼らの酒を飲む量は半端じゃない。40度のウォッカをグイグイ一気飲みする。自分が飲んだら相手にも注いで、今度は相手に飲ませる。お互いが飲むことで彼らは友達だと認識するのです。

とことん飲んだ相手でなければ彼らは相手を信用しないし、腹を割って話さない。

私は幸い酒が強かったので、その点では有利だったと思います。

ちなみにウォッカは強い酒ですが後に残らない。ワインなどと違って、腰が抜けるくらいに飲んでも翌日二日酔いになることはまずありません。

そんなウォッカを飲みながら、まさに裸のつき合いで政治を動かしていたのがエリツィン元大統領です。彼は側近たちを別荘に集めて、食事をしながらウォッカをやります。4~5杯、軽く酔っぱらったら上機嫌でサウナに入る。

蒸留酒のウォッカはサウナで汗を流すときれいに抜けていきます。そしてまたあらためて飲み、またサウナに入る。それを何回か繰り返す。そして全員がかなり酔っぱらったところで、さまざまな案件をエリツィンが決定していく。まさに裸のつき合い、飾らないつき合いの中で重要な政治が行われていたのです。

実は裸のつき合いをしながら、エリツィンは酔っぱらった相手の反応を見ていたのです。陽気に飲んで騒いでいるように見えて、実はその裏でじっくり人間観察をする。人間は酒が入ると本音が飛び出すもの。本当の素の姿が出るわけです。

ここで気に入られれば、より親密な間柄になるでしょうし、こいつは危険だということになれば即座に左遷されたりしたので、当時のクレムリンの政治家や役人は大変だったと思います。当時はエリツィンの「サウナ政治」として知られていました。

気難しいロシアの要人に認められたわけ

私は自分を飾っていたつもりはありませんが、相手によって対応を変えていたことは事実です。相手が何に興味があり、どんな会話を好むのかしっかりつかむ。そのうえで、相手が乗ってきそうな話を振る。相手との間合いを詰めて、より親しい関係になるには相手の呼吸に合わせる。

ちょっと武道に通じるものがあるかもしれません。武道もまた相手の呼吸に合わせ、相手との間合いが重要になります。会話の妙と武道に相通じるものがあるとすれば、コミュニケーションも一つの格闘技だといえるわけです。

ゲンナジー・ブルブリス元国務長官はエリツィンの側近で、ソ連崩壊のシナリオを描いた当時非常に重要な人物でした。日本での知名度はいまひとつですが、ロシア専門家の世界では名を知られた人物です。

彼はそのころ、公職を離れて大統領令で特別につくられた「戦略センター」というシンクタンクの長をしていました。しかし大統領とのホットラインもあり、実質的には副首相級の立場にいたのです。当時ロシアの日本大使館に勤務していた私は、外交上の重要な情報を得るために何とか彼に近づきたいと考えました。

そこでロシア科学アカデミー哲学研究所に働きかけ、パネルディスカッションのパネラーとしてブルブリスと同席できるよう仕向けました。そんな意図を向こうも承知しながら、お互い面会するようになります。

ただし、最初は自分から仕事の話を一切していません。もっぱら話していたのは神学と哲学。彼が哲学とキリスト教に造詣が深いことを知っていたからです。

そんな関係が3カ月続いたころだったでしょうか。突然ブルブリスに執務室の裏の休憩室に来るように呼び出されました。当時のロシアの要人の執務室の裏には、休憩室といって10畳くらいの部屋にベッド、トイレやシャワーなどが完備され、寝泊まりできるようになっていました。そこに呼ばれるのは基本的に家族や個人的に親しい人物だけ。

その休憩室で話をしていると、ブルブリスが急に甲高い声で、

「マサル、君は私の試験に合格した。今後は執務室に自由に出入りしてもいい。そし

てエリツィンのこと、北方領土のこと、何でも俺に聞いていいぞ」

といったのです。

「戦略センターの身分証を発行するから、俺がいない時でもこの施設を自由に使え」とも。まさに破格の待遇です。

能力主義者で気難しい彼に近づいた日本人はほとんどいませんでした。私が彼に信頼され近づくことを許されたのは、相手との間合いを大切にした事、そして神学と哲学という私にとって最も根本的な部分で相手と向き合ったからだと思います。

ブルブリスに認められて破格の待遇を得たことで、ロシア外交上の非常に確度の高い重要情報を得られるようになったことはいうまでもありません。

近づきたいという魂胆はあったが、神学と哲学の話に関しては私は率直に自分の考えを話したし、そこに嘘はなかった。その瞬間は一外交官ではなく人間佐藤優だったと思います。だからこそ気難し屋のブルブリスが認めてくれたのでしょう。

相手が大物であればあるほど、こちらの嘘や飾りなどはすぐに見抜かれてしまいます。飾らないで素のままの自分で勝負する――。それができるかどうかが大きなポイントです。

シンプルさを追求すると仕事も人間関係も楽になる

飾らない関係というのは、必ずしも親しい関係とか親密な関係とイコールではありません。別段親しくなくても飾らない、素のままの関係というのはあるものです。その具体的なものが、仕事における飾らない関係。親しくなくともお互いが相手を認めて尊重し合えれば、それはそれで飾らない関係だといえるでしょう。

これを別な言葉で表現すると、「シンプルな関係」といえるかもしれません。仕事をするにあたっては、シンプルであることが非常に大切だと私は考えています。たとえば職人などの仕事には、ある意味非常にシンプルに洗練されたものを感じます。

たとえば大工さんの仕事などは、見ていると仕事中はほとんど話をしていません。一軒の家をつくるのに、ある人は床を、ある人は梁を担当して、黙々と作業していきます。それでもお互いの作業状況や進捗状況は目で確認しなくともわかり合っているといいます。

特にベテランの場合、それぞれの作業の音、のこぎりを引く音やかんなをかける音で、その日の仲間の調子がわかるそうです。

無駄なコミュニケーションがなく、深いところでお互いを認め合い確認し合う。とてもシンプルですが深い。そういう関係ってビジネスでもあるんじゃないでしょうか。仕事でお互いが認め合う関係になれば、余計な約束事やルールをつくらなくても上手く仕事が形になる。

いまの私の場合でいうと、信頼している編集者や担当者との関係がそう。彼らとの仕事には心地よいリズムが生まれますが、それは必要最小限のやりとりで仕事ができるから。つまりすべてがシンプルなんです。

こういう関係をつくるのは、実はそんなに難しいことではありません。とにかく仕事と仕事をする相手に対して真摯に向き合って、嘘や偽りを排除していけばいい。自分を飾らず等身大で仕事をしていれば、同じような仕事の形で返してくれる人は自然に増えるはずです。私の感覚では、ビジネス上のそのような飾らない関係は、通常の業務なら40歳前後のベテランになれば社内外に20人～30人くらいはできると思います。

多くを語らずとも、お互いのリズムで仕事がこなせる。そんな関係が増えれば自ずと仕事もこなせるようになるし、黙っていても信頼されて一目置かれるようになるはずです。

仕事ができない人や実力のない人に限って、物事を複雑に考える。自分を大きく見せようと飾り立てたり嘘をつく。するとますます状況が複雑になっていく。そういう人は結局信頼を失い、仕事も人も失っていきます。

約束事やルールを少なくすること、シンプルにすること。ビジネスにおいてはそれが自分を飾らず、嘘をつかず、心地よいリズムで仕事をするための必要条件です。

自分の〝根っこ〟はどこにあるか

人の世はたしかに虚と実のせめぎ合い。飾ったり飾られたりの中での駆け引きの世界だと思います。特に近代から現代、民主主義によるフラットな社会において、競争原理の中で生きなければいけない私たちは、時には自分を飾ったり、大きく見せたりして生き抜いていかなければなりません。

だからこそ、本当に飾らない関係というのは貴重です。あなたには、プライベートで飾らないでつき合える相手、素のままでつき合える相手がどれくらいいますか？

その相手は彼女や奥さんだったり、親友だったりするでしょう。あるいは、行きつけの飲み屋などでは飾らない自分を出せる。そんな時間や空間があるのはとても大切です。

その束の間に、私たちは自分の窮屈な衣を脱いで、素の自分に立ち返ることができます。心の母港みたいな存在、関係はやっぱり大切ですよ。そういう存在は一人か二人、多くて片手でしょう。それ以上いたらきっと水増しになっています。

人生で一番悲しいのは何か。もはや飾らない相手も、生き方も求めなくなることです。それは素の自分、本当の自分がないということでもある。素になることすらも演技になってしまうとしたら、これは悲しいことです。

結局、飾らない力を得るには、自分が何者であるかを明確にするということに尽きると思います。人間としての根っこがどこにあるのか、国や民族、故郷や家族、信条や哲学……。あなたにはその軸がありますか？　軸がはっきりしているからこそ、虚と実のはざまでどんなに揺れ動いても、飾らない自己、飾らない関係をつくることができる。

私の場合はやはりキリスト教という宗教、そして神学という学問の存在が大きい。自分自身の根っこをそこにおいているからこそ、いざとなった時に素のままで相手に向き合えるのだと思います。
皆さんの根っこがどこにあるか、ぜひ自分に問いかけてみてください。

「飾らない」を考えるための本

『世俗都市』

H・コックス／新教出版社

キリスト教の立場から都市化、世俗化の流れを読み解く。都市とはまさに虚飾と実体が織りなす絵巻。「飾る」ことの考察に役立つ一冊だ

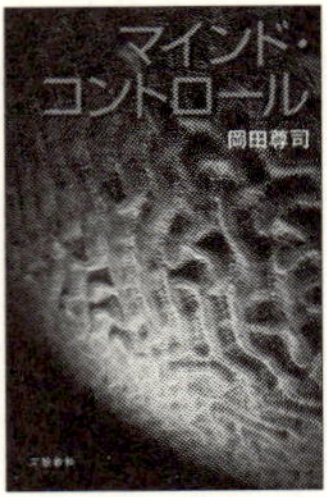

『マインド・コントロール』

岡田尊司／文藝春秋

古今東西のマインドコントロールの歴史と実態を解説。人の心の弱さとは何かということとともに、飾らざるをえない心の構造についてもわかる

第四章　侮らない

一番得意な分野にこそ落とし穴がある

中学時代は数学が得意でした。テストではほぼいつも満点。それで油断したんでしょうね。高校に入ってから手を抜いてしまったんです。そしたら数Ⅰの途中の段階でもうわからなくなって……。とり戻そうと焦っても、高校の授業の進み具合って結構早いですから、数ⅡBで行数列、微分積分となると追いつかなくなってしまった。

結局浪人の1年でも追いつかずに大学でやり直す羽目になるんですが、おかげで理系の選択肢は消えました。成績がよければ医学部とか、国立大学とか、そんな選択をしていたのかもしれません。負け惜しみといわれればそれまでですが、その結果同志社大学の神学部というエキセントリックで刺激的な学校へ進むことができた。そこから外務省、そして現在の作家活動へとつながっているわけです。

意外にも、私たちは得意な分野でこそ躓くことが多いんじゃないでしょうか。得意であるということで、そこに「油断」や「侮り」が生じます。その瞬間が危ない。思いがけない躓きや失敗にあわないためにも「侮らない力」をどうつけるかがポイントです。

ちなみに得意分野だからこそ躓くというのは、まさに私が外務省で体験したことそのもの。ロシアとの外交、北方領土問題は、私にとって得意分野以外の何ものでもない。そこに深く首を突っ込んだために、結果としてさまざまなことに巻き込まれたわけです。

そういう意味では、一緒に頑張っていた鈴木宗男さん（新党大地代表）も同じ。当時は外交族とまで呼ばれ、議員の中でも外交、特に対ロシア外交の専門家とされていた鈴木さんですが、まさにその得意分野での活動が思わぬ結末を引き起こすことになってしまった。

当時、連日のようにワイドショーで鈴木さんが外務官僚を怒鳴りつける光景が流されました。前にも説明したとおり、実は怒鳴ることが鈴木さんの役割。そうすることで滞っていた案件が、「うるさい議員がいるから」ということで動き出す。鈴木さんも外務官僚もある意味で出来レース的なところがあった。

そんな中で鈴木さんは外務官僚や外務省と信頼関係を築けていると思ったのが間違いでした。鈴木さんに「侮り」があったとしたら、まずここでしょう。

外交案件に通暁し、自分は外務省の応援団だと。官僚にとってもいろんな意味で力になれる存在だと自負していた。ところが外務省の方はいかに鈴木議員の影響力を排除するかに腐心していたわけです。

両者の思惑と感覚には大きな隔たりがあった。

日常の些細な「侮り」で大きなツケを払うことも

「侮り」というと何だか大仰に聞こえるかもしれませんが、日常の生活や仕事の中でも、ついそんな気持ちが入り込んでしまう時があります。ちょっとした油断が思わぬ結果を生む。そういうことがままあるのです。

たとえば皆さんは企画書やレポートなどの書類をつくる時、ネットで調べてその一文をコピー&ペーストするなんてことありませんか？　けっこう日常的にやってしまうことかもしれませんが、それ自体が剽窃で、場合によっては著作権法違反などで問題になることだってあります。

そこまでではなくても、たとえばウィキペディアなんかで調べて、その情報をそのまま書類に転記してしまう。はたして、その数字や書いてある情報が正しいかなんて確認するはずもありません。会議やプレゼン、印刷物などの公のものになって誤りが指摘され、「お前、これはどこで調べたんだ！」などと上司に怒鳴られてからでは遅いのです。

ネットが普及していつでもどこでも情報がとれると考える「侮り」。その情報を正しいと思ってしまう「侮り」。そんな何気ない「侮り」が大ごとになってしまうことって、けっこう多いんじゃないでしょうか。

情報が溢れ、便利になっている時代だからこその落とし穴。やはり電話で直接情報源に当たる、図書館でちゃんとした出典に当たるなどして、裏をとるのを忘れないことです。

ビジネスパーソンなら、仕事や会社の制度、仕組みを一通り覚える30代半ば過ぎくらいが最初の鬼門です。ここで「なんだ仕事なんてちょろいもんだ」と手を抜いたり、楽をすることを覚えるとそこから伸びなくなる。

入社当初は仕事もソツなくできていた有望株が、30代半ばを過ぎてすっかり伸び悩んで目立たなくなってしまうケースが多々あります。その多くはこの種の「侮り」による場合が多い。器用で要領のいい人物ほど陥りがちな落とし穴です。

何かに対して「ちょろい」と感じた瞬間があったら気をつけた方がいいです。「ちょろい」っていうのはすなわち油断であり、侮りですから。

一番危ないのは「会社なんてちょろい」と思ってしまう瞬間です。いまでこそ経理も厳しいのでそれほど見られなくなったかもしれませんが、ちょっとした小額の領収書のつけ替えは、皆さんも一度や二度は経験があるのではないでしょうか。

たとえば、得意先の誰かと親睦を深めるために飲む。建前上はプライベートで飲もうということになっているから、領収書を貰わず「いや私のおごりで」と見栄を張る。ショットバーで2杯、計1600円。

小さな子どもがいるビジネスパーソンの毎月の小遣いなどからすると、1600円はちょっと痛い出費です。で、後日たまたまプライベートで寄ったカフェのレシートを仕事での打ち合わせにしたことにして、多少でも補てんする。

「本当はダメだけど、得意先との関係が深まれば会社の利益にもつながるわけだし……」。そんな理屈をつけて自分を納得させる。こんな経験があるかもしれません。

大切なのはここで「こんなのが通るのか。経理なんてちょろいもんだ」などと勘違いしないことです。会社の経理は毎日あらゆる領収書を見ていますから、前後の状況、書き方、字の癖などで直感的に「怪しい」とピンと来ます。その時通ったのは、騙されたのではなく会社の温情です。

それがわからずに「ちょろい」と侮り、次第に高額のつけ替えにエスカレートしていく。さすがにもはや見逃せないとなったら、経理としては動かぬ証拠を持っていますから、領収書の発行元に日付や金額を確認するでしょう。本気で追及されたらアウトです。

法律的に見ても、書き換えた段階で私文書偽造罪（刑法159条）、その領収書を経理に回したら偽造私文書等行使罪（同161条）、さらにそこでお金を受けとれば詐欺罪（同246条）になります。

お灸を据えられるだけなら幸運です。会社をクビになったり刑事事件として訴追されることだってありえます。

自分の中の「侮り」に気づくには

「侮り」って人生の罠のようなものだと思います。得意の絶頂の時、ツイている時、地位や権力を持った時――。そんな時に限って心の中にそっと忍び寄る。

怖いのは、自分の中の「侮り」の気持ちに、自分自身はなかなか気がつかないということ。たいてい何かトラブルや躓きが起きてから、ようやく自分はあの時侮っていたなと気がつく。ですから「侮り」とは事後の概念なのです。

なにしろ一番乗っている時だから、自分の気持ちを省みることがない。自覚するのはたいてい事が起こった後なので、もう手遅れ。

では、事前に自分の中にある「侮り」に気がつく方法はないのでしょうか。「侮り」自体が事後の概念ですから、体験として学んだ時はすでに痛い目にあったあと。正直なところ難しいのですが、あるとすれば前述した代理経験を積むこと。つまり、侮って失敗した例を本で読むことが最もふさわしい対処法だといえます。

たとえば戦史物。あとは企業ノンフィクションのようなもの。いずれも一時の勝利に驕り高ぶって、手痛い敗戦や失敗を食らった実例です。企業であれば雪印乳業の話とか、潰れてしまった山一証券の話とかそれこそ枚挙にいとまがない。貴重な実例が人の歴史の中にはたくさんあるのですから、それに学ばない手はありません。

あとは、あるとすれば「人の忠告や批判をしっかりと聞くこと」ですが、もはやこれ自体が難題かもしれません。

ならば、私がおすすめするのは「内省ノート」です。人から忠告や批判を受けた時、その瞬間は感情的に腹も立つし、その言葉を受け入れることが難しいでしょう。ですが家に帰って一人になった時、ノートに相手の言葉を書き出してみる。書き出す行為自体で事態を客観的に、冷静にとらえる準備が整います。

なぜ相手がそのような言動をとったのか、自分なりに分析して書き出してみましょう。すると自分に対しての嫉妬からなのか、それとも誤解に基づいた発言なのか。そのいずれでもないとしたら、これはしっかり受け止める必要があります。

ある程度の年になると、人から注意されたり忠告されるということが少なくなります。あえてそれをしてくれる友人の場合は、嫉妬や誤解からというよりも、本当に自分に好意を持っていて、何とかしたいと考えるからこその言葉が多いはずです。

そのせっかくの好意に対して、たんに表面的に批判されたとか忠告されたとかいう感情的なレベルでの反応に留まっては、相手にも悪いし自分にとっても損ですよね。

「そうか、さっきは腹が立ったけど、もしかしたらあいつのいうことは当たっているかもしれないぞ」と少し考えてみる。「たしかに俺の中に慢心や驕りがあるとしたら……」などと冷静に自分を分析できれば上等です。

そして自分に侮りがあるとしたら、たとえばこういう部分かもしれないということを箇条書きにしてみる。ここまでできれば、もはや「侮る」ことはなくなるはずですし、これを習慣化することで、心の中の慢心に素早く気づけるかもしれません。

悲劇的結末を招いた日本軍司令部の驕りと侮り

たとえそこまでできたとしても、私たち人間は「侮り」の罠からは逃れられない。実は神話の時代から証明されていることでもあるのです。

旧約聖書でソドムとゴモラの町が焼き払われたのも、大洪水でノア一族以外はすべて水に流されてしまったのも、驕り侮った人間に対する神の怒りでした。

ギリシャ神話では狩りの達人だったオリオンが、「自分より強い者はいない」と「侮り」の言葉を発した瞬間に神の怒りに触れ、神が放ったサソリに刺されて命を落とします。

大昔から人間はつねに侮り続け、そして神の怒りや自然の怒りに触れて手痛いしっぺ返しを食らってきた。人間自体が「侮り」の歴史を繰り返してきたのです。

私たち日本人もまた、「侮り」によって失敗を重ねてきた民族です。身近な歴史でいうなら太平洋戦争。特にミッドウェー海戦などはその最たるものでしょう。

当時日本の機動部隊は世界最強でした。航空母艦の数、最新鋭の航空機、そして何といっても熟練した優秀なパイロットたち。ちなみに航空機から艦船に対する爆撃や雷撃の命中率は、当時米英のパイロットの平均値が約50%だったのに対して、日本のパイロットはなんと80%を上回っていたという数字があります。

1942年の春の時点では、あらゆる点で日本の機動部隊が世界最強だったことは間違いない。そこに慢心、「侮り」の心が生まれるスキができた。その結果が索敵の不徹底、作戦の強引さにつながり、主力空母4隻を一気に失うという悲劇的な大敗を招いてしまった。

ガダルカナル攻防戦も侮りによる敗北です。日本の陸軍はロシアの陸軍に対しては脅威を抱いていましたが、米英の陸軍などは腰ぬけ、烏合の衆だとハナから見くびっていました。ですからガダルカナルという小さな島に最初に米軍が上陸してきた時も甘く見て、最新兵器と万単位の相手兵力に対し、数千人の部隊を逐次投入する。

しかも兵站も補給も満足に考えない場当たり的な作戦。ことごとく部隊は殲滅され、結局数万人の日本兵の死体の山を築いて終わります。

個々の兵隊そのものは優秀で勇敢に戦ったと思います。しかし相手戦力を把握、分析し、作戦を立てる指導者や軍令部自体の驕りと侮りが悲劇的な結末を招き寄せた。

この構図はいまの日本にそのままあてはまります。国民一人ひとりのレベルと質は高いものがあると思いますが、それをまとめる政治家や官僚たちの驕りと侮り。戦前の指導者たちのそれを見事に引き継いでいると私は感じます。

民族のDNAというのは一朝一夕では変わらないものです。戦後70年の今、一見世の中は変わったように見えますが、指導者、エリート層の本質は変わっていないのかもしれません。

外務省は「侮り」人間の巣窟

そういう視点であらためていまの日本を見てみると、まさに「侮り」大国だと思います。政治家なんて平気で公約を破る。あれだけ消費税を上げないと約束しながら増税を決めた民主党は早々に政権の座から滑り落ちましたが、自民党にしてもどの党にしても、今や公約違反が当たり前のような状況です。

そもそも安倍政権が誕生した2012年12月の総選挙自体が、最高裁で違憲状態とされたままの選挙でした。すなわち一票の格差が地方によって2倍以上あり、すでに2011年3月に最高裁で違憲とされていたわけです。ところが各党の思惑から定数是正が進まず、違憲状態のまま選挙に突っ走った。

司法の判断を全く無視した形での、このような選挙がはたして有効なのでしょうか。民主主義にとって最も大切なのは手続きです。一票の格差という大問題に対して、最高裁という司法の最高府が違憲の判断を下したにもかかわらず、満足な説明もないまま総選挙を行う。手続きを踏まない行為自体が、すでに民主主義から逸脱した暴挙だといわれても仕方がないでしょう。

そんなことも考えず、自分たちの都合だけで選挙を進める政治家や政党。司法を侮っていると同時に国民をも侮っていることになると思います。

一方の官僚はといえば、こちらも相変わらずの省益確保と自己保身に凝り固まっている。外務省なんて特に「侮り」人間の巣窟。優秀な自分たちがやることはなんでも通る。そういう勘違い人間がウヨウヨしています。本人たちが中学、高校、大学と一流校を卒業してきたいわゆるエリートですから、差別意識、選民意識というのが必ずどこかにある。

それとは別に、外務省の上下関係の構造的な問題もあります。

それは教育の問題。外務省に入ると、まずノンキャリアが1年、キャリアが2年の本省勤務がある。そのあと外に出て2年から3年の留学。その後大使館に2、3年勤務するので、しばらく本省には戻ってこない。

このような流れの中で、最初に本省で1、2年勤務するというのはまともに教育しようという体制ではない。育てるというよりも鍛えるという感じに近いのです。

竹中平蔵さんが『竹中式マトリクス勉強法』(幻冬舎)という著作で述べているのが、会社が育てるというより鍛えるという雰囲気だったら逃げた方がいいということ。これだと、不条理で報われないことがたくさん起きるのです。

外務省の1年目、2年目なんてまさにそうで、とにかく若手を鍛える。必要とは思えないコピーをひたすらとらせたり、とったと思ったら捨てろと命じられたり……。不条理で不可解な命令が次々に下されます。とにかく若手を遊ばせないでおく。何かいいつけることで自分の存在を確認する。官僚の世界などというのは実はこんな非合理的で、無駄に見える作業も根性がつくといいつのる。

戦前の精神主義の軍隊に似ていますね。正直、これがお役所の実態です。こういう非論理性、非合理性というのは、実は背後に人間性に対する「侮り」があるわけです。

最近では柔道界などで暴力事件やセクハラ、パワハラなどが話題になりましたが、こういうことも根っこは同じ。組織や体制のヒエラルキーや構造の中で、こいつらにはここまでやっても大丈夫とか、問題ないだろうとか、そういう「侮り」が根本にあるのです。

これまでも許されてきたから大丈夫、外には漏れないだろう……。さまざまな「侮り」が、それぞれの組織の病理としてあるように思えて仕方ありません。

組織の論理に染まらない

組織の話が出てきたので、ここでその話をもう少ししていきたいと思います。組織の怖さが私ほど身にしみている人間もないでしょうから。外務省での力学、政治家と官僚の力学、検察と裁判所の力学……。

じつにいろいろな組織のエゴや力、論理がうごめいている中で、気がつけば孤軍奮闘、孤立無援という状態でした。

これだけは絶対にいえます。大きな組織に対して個人で立ち向かっても勝ち目はない。まして相手が国家権力なら絶対に不可能です。

ただし、どうにかこうにか引き分けに近いところなら持ち込むことはできる。あるいは組織全部を倒すことはできなくとも、その中の何人かだけを自分と一緒に引きずり下ろすことは可能です。

ちょっとキナ臭い話になってしまいましたが、要は組織を侮ってはいけないということ。それが会社であれお役所であれ、何かの団体であれ、組織の体をなしているものに対しては、つねに細心の注意を払うのが賢明だということです。

ビジネスパーソンの最も身近な組織は、いうまでもなく自分の会社でしょう。先ほど請求書のところでも触れましたが、ナメたらいけない。侮ったら痛い目に遭います。

というのも、組織の動きや価値観が急に変わる瞬間がある。実はこれが危険で、この時会社は、前線で働く人を無情にも切ってしまうことがあります。あたかもトカゲのしっぽ切りのように。

たとえば小沢一郎さんの陸山会事件で、石川知裕議員（当時）が検察の取り調べを受けた際、捜査報告書の虚偽記載の件が問題になりました。簡単にいえば担当検事が石川さんが話していないことを勝手にねつ造し、それをあたかも石川さんがしゃべったように捜査報告書に記載したということです。

本来絶対にあってはならない問題ですが、石川さんがICレコーダーでその時の取り調べを録音していたので発覚した。私自身にも経験がありますが、検察が国策捜査としてターゲットを決めてきた時には、ほぼ〝何でもあり〟の状態だと思って間違いありません。

いかに相手を有罪にするかが問題で、事実などは二の次。もちろん検察としてのストーリーができていて、その結末に向かって原告と被告という役者が法廷という舞台で決められた台詞をしゃべるのと一緒。じつに怖い話ですが……。

結局この問題が明るみに出たことで、捜査報告書を偽造した田代政弘検事は市民団体などから告発されますが、最高検察庁は嫌疑不十分として不起訴処分にしました。ただ、田代検事は騒動の責任をとって自ら辞職しています。

この事件一つとっても、検察という組織の非情さがわかります。表向きはあくまで田代検事が勝手に話をねつ造したことになっていますが、そんなことはありえません。国家が国策として行う捜査においては、一検事が勝手に判断して勝手に行動するなどということはない。どういう捜査報告書をつくるかは、上の段階ですでに決まっている。当然、田代検事は上からの指示でそのような虚偽報告書を書いたと見るのが妥当でしょう。

いざこうして問題が明るみに出ると、組織というのは手のひらを返したように自己保身に走ります。そして一番末端の現場の人間から切られていく。

そもそも、多少の捜査報告書のねつ造などは、実は検察では当たり前のように行われてきたのではなかったか。

組織にどっぷりつかって組織の論理だけで生きていると、いつしか自分が不正を働いている感覚も希薄になります。そしていざそれが明るみに出て社会的に悪だとされた時、それまで不正を強要していた組織のほうが急に白々しく正義を振りかざす。そうして実際に手を染めた現場や個人を、社会やマスコミと一緒になって糾弾する。

組織を侮ってはいけないということが、この事例からもわかるでしょう。

突然の「スローガン」には要注意

司法や行政などの大きな組織はもちろん、一般の企業の組織に対しても大いに注意深く対応し、けっして侮ってはいけません。

先ほど領収証の例を挙げましたが、それまでOKだった、あるいは暗黙のうちに認められていたことが、ある日あるきっかけを境にアウトになる。会社の組織においてはこういうことがままあるので、私たちはつねにその動きに注意を払わなければなりません。

よく、会社内にやたらスローガンや注意書きが貼り出されるようになったら要注意だと指摘されます。たとえば「コピーは裏紙を必ず使用!」「電気はこまめに消す!」なんて貼り紙、職場にありませんか? それまで貼っていなかったのに、ある日急に貼り出された、なんてことがあったら要注意です。

会社の経営状態や財務状況などによって、トップ自らが経理や庶務に対して強く方針を働きかける時があります。すると領収書でも勤務態度でも、いままでは認められたり大目に見られていたことが突然アウトになる。

超過勤務はダメとか、無駄を省くとか。コピーでも、カラーだとトナーがいくらかかるとかをうるさくいう。ゼムクリップは捨てずに使いまわすとかボールペンは使いきれとか、とにかく急に細かいことをいい出します。

要は社員一人ひとりにコスト意識を持たせ、それを徹底させるということ。そして会社が本気だということを見せるために、目立っている人物にターゲットを当てて注意勧告したり、時には罰を与えたり、厳しい時にはリストラの対象にするということがあります。

経理や庶務、人事において、それまでの流れが変わる、潮目が変わる時がある。その瞬間が一番危険なので、日ごろから社内の動きにアンテナを張っておくことが非常に大切です。

会社の中でも情報通とされるような人とコミュニケーションを頻繁にとる。経理や庶務の人たちとも日ごろから仲よくしておく。そうすれば「最近ちょっと気をつけた方がいいかもよ」と、そっとアドバイスしてくれるかもしれません。

仕事に〝メンテナンス〟の意識を持つ

仕事の現場で「侮らない」ということは、メンテナンスとかフォローをしっかりする、という意味合いも強いと思います。

たとえば得意先にメールを送る。最近は送りっぱなしで確認しない人が多いですが、ビジネスでの重要な案件の場合、確認は必須でしょう。「先ほど〇〇の件でメールをお送りいたしましたが、ご確認いただけたでしょうか」と。自分は送ったつもりでも違うところに間違って送っている可能性もあります。アドレスは合っていても、なぜかその時だけ迷惑メールに振り分けられていることだってあります。

開封、確認したから大丈夫といっても、本当に読んでいるかどうか。メールの最初のところだけ読んで、肝心の後半を読んでいなかったりするケースもあります。すると、いざという時になって全くこちらの意図が通じていなくてアタフタする場合もある。プライベートなら笑い話ですが、ビジネスとなるとそうはいきません。

便利な時代だからこそ、いろんなところに小さな落とし穴がある。その危険に気がついているかどうか。

メールの確認のようなちょっとしたフォローやメンテナンスの意識が、これからのビジネスにはとても大切になってくるでしょう。特にパソコンやスマートフォンなどで情報管理をするようになってくると、セキュリティやバックアップがとても大切になってきます。

こういうことは仕事の土台、基礎みたいなものですから、日ごろからチェックしてメンテナンスする意識が大切。ただし、中にはあまりに心配しすぎて、やがて強迫神経症的になってしまう人もいます。「侮り」は禁物ですが、だからといって過度に気にしすぎるのも病気のもと。いずれにしてもほどほど、バランスが大切です。

今こそ「畏れ」の気持ちをとり戻す

ここまで、「侮らない」をテーマにいろいろな角度から述べてきました。人類の法則、歴史の法則からいえば、先ほどの神話や旧約聖書の話ではありませんが、驕れるものは久しからず、必ず手痛いしっぺ返しを食らう運命にあります。

その意味で3・11の原発事故などは、侮った人間に対する強烈なしっぺ返しともいえるでしょう。経済産業省、東京電力をはじめとする日本の原子力行政が、どれだけ侮っていたか。原子力、放射能に対する侮り、危機管理や技術力に対する侮り、地震や津波などの自然の威力に対する侮り、そして地域住民や国民に対する侮り……。ありとあらゆるものに対する侮りの結果が、あのような惨事につながったわけです。

原子力発電の必要性云々は別にしても、それらに対する真摯な反省や総括がないままに、福島第一原発の汚染水問題にも場当たり的な対処しかできない。やはりこの国の指導者たちは、相変わらずさまざまなものに対して「侮り」続けているとしかいえません。

「侮り」の対極にある言葉は「畏れ」。目に見えないもの、形に表れないものをリスペクトする気持ちです。現代人は、この「畏れ」の感覚を決定的に失ってしまいました。特にIT社会、デジタル化が進んでいっそう顕著になった。

デジタルというのはつまるところ、すべてを「0」と「1」に置き換えて再現したバーチャルな世界。それを現実だと考えてしまうのが大間違いなのです。なぜなら本当の世界、リアルな世界には0と1だけじゃ割り切れない端数やノイズがある。それらをとり払った仮象がデジタルの世界です。

エリートが人を見下して侮るのも実は同じ思考であり原理。つまりテストの成績、学歴、地位や収入、家柄……。要は目に見える数字や形だけで物事の価値を判断する。でも現実の人間だって自然だって、そんな簡単なものでは割り切れないほど大きくて深い。その洞察と直感のないところに、本当の知性も英知もありえません。

日本には政治家や指導者層の「侮り」の歴史もありますが、同時に庶民には「畏れ」を知る文化が根づいていています。神様仏様、お天道様に八百万の神。森羅万象を畏れ敬う言葉と心がある。そのDNAを私たちは脈々と受け継いでいるはずです。

そのDNAを呼びさますにはどうすればいいか。

そんなに難しいことだとは思えません。テレビやインターネット、ゲームなんかをちょっと止めて、外に飛び出し自然の中に飛び込んでみる。地デジの画面なんか消して美術館で絵画を見る。iPodのイヤホンを耳から外して、演奏会で生の音に触れてみる。自然や芸術には0とか1とかで割り切れない、豊潤な世界が広がっているんです。

人間はつねに「侮り」、そしてしっぺ返しを食らう。そういう存在かもしれません。だとしたら、私たちの未来や運命には救いがないのでしょうか？　そんなことはない。

人間は「侮り」の気持ちからは逃れられなくとも、一方で「畏れる心」を育むこともできる。そこにこそ大いなる救いがある。そんな風に私は考えます。

「侮らない」を考えるための本

『失敗の本質』

戸部良一他／中公文庫

ミッドウェー海戦やガダルカナル戦などの敗退を組織論的に分析した良書。軍部、官僚組織の侮りの歴史は、現代にも大いに通じるところがある

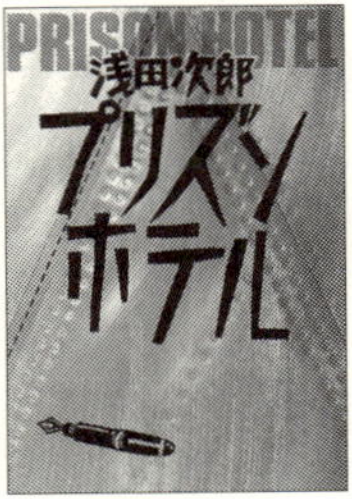

『プリズンホテル』

浅田次郎／徳間書店

極道による極道のためのホテルという究極の設定で展開する物語。人間がいかに人を侮り、侮られるかという駆け引きが面白おかしく学べる

第五章　断らない

１カ月で原稿用紙１０００枚書く力

いまの時代、ビジネスパーソンはとにかく忙しい。会社はより少ない人員でより高いパフォーマンスをあげるよう要求します。

そんな状況で自分の仕事を全うするには、「断る力」を身につけることが大事だといわれます。上から頼まれた仕事をすべて受け入れていては自分の身が持たない。まじめな人ほど抱え込んでうつ病にかかってしまう。

いかに上手に仕事を断るか。本屋に行くとそんな本もよく見かけますね。

ですが私には少なからず疑問があります。「断る力」ももちろん大切ですが、特に20代、30代の若い時期は「断らない力」こそ大切だと。

たとえば、自分の仕事が忙しい時に上司から雑用を頼まれる。「この忙しい時に！」と不満を感じる人が多いんじゃないでしょうか。ところが上司からすると、そんなイレギュラーな小さな仕事ほど、部下がどうこなすか見ているものです。

本来の自分の仕事は誰でも緊張感を持って真剣にとり組む。でも、急な用事や雑用を嫌な顔せず前向きにこなせるかどうか。上司はそれができる部下を信頼し評価するものです。前にも触れましたが、私が外務省にいた時は資料のコピーやホチキス留めなど、細かい雑事をしっかりやってくれる若手を信頼したし、実際そういう奴が伸びました。

若い時は、小さな部分から上司に目をかけられることが大切。するといろんな仕事を振ってくれるようになるし、情報も入ってくる。この差は、年を経るにしたがって大きなものになっていくでしょう。

自分に負荷をかけるという意味でも、「断らない力」というのは重要です。「若い時は実力以上の仕事を引き受けてみろ」というのは前述しましたが、自分の実力の少し上、120％くらいのところをつねに意識してみるのです。

人間の能力は不思議なもので、負荷をかけるほど鍛えられ思いがけないほど伸びる。たとえば本を読むスピード。200ページの単行本、モノにもよりますが簡単な内容のものなら、私は10分くらいで読めます。特に速読を学んだわけではなく、外務省時代に膨大な書類や書籍を短時間で読む必要があったので、自然と速く読む技術が身についた。

現在、出版社から毎月100冊から150冊の新刊本が届きますが、それらすべてに目を通します。その他全部含めると毎月300冊は読んでいると思う。

あとは抱えている連載が月約60本。400字の原稿用紙にすると毎日平均30枚以上、1カ月で1000枚を書いている計算になります。それに加えてゲラのチェックでさらに膨大なテキストを読みますから、編集者に驚かれたりします。

でも私が物書きになった最初は月30枚書くのがしんどかった。それが仕事をどんどん引き受けているうちに気がついたらここまでできるようになっていた。自分の力で処理することができる仕事ならば断らず、負荷をかけ続けてきた結果だと思います。

私が特殊だと思いますか？　いや、人間なら誰でもそのくらいの処理能力は潜在的に持っている。ただそれに気がつかず、鍛えていないだけです。

上手に手を抜く、無駄を省く私の方法

「断らない力」で膨大な仕事をこなすスーパービジネスパーソンになるために、どうしても必要なのが仕事の要領と上手な手の抜き方。そのためには、仕事で何を求められているのか、そのポイントをつかむことが必要です。

外務省の研修生だったころ、朝夕の新聞の切り抜きが日課でした。朝日、読売、毎日、日経から赤旗まで約8～9紙。これらすべてに目を通して、関連する記事を切り抜きスクラップにする。じっくりやっていたら間に合わない。最初のころは本当に参りましたが、次第に要領がわかってくるのです。

まず大事な記事が何面にあるのか見当がつくようになる。ハサミの使い方も上手くなり、スクラップを台紙に貼る時もしっかり糊づけなんてしない。切りとった新聞をずらっと裏向きに並べて、真ん中にちょこっと糊をつけて一気に貼りつけていく。時間短縮です。

結局、スクラップしたものをコピーして上に持っていくので、原本自体を丁寧につくる必要はない。求められているものがわかれば、無駄を省くことができるわけです。

余計なことに時間をかけないのも大きなポイント。たとえば、書類や資料を検索するのは無駄な時間の最たるもの。私がスケジュールや取材メモ、企画や発想などを何でも1冊のノートにまとめて書くのはそのためです。

内容やテーマに分けてノートをつけていたら、いちいちそのノートを探さなきゃならない。すべて1冊のノートにまとまっているからこそ、即座に検索が可能なんです。

100ページのキャンパスノートに時系列でどんどん書き込む。1カ月1冊として厚みが約1センチ。1年で約10センチとすると10年で1メートル。ここに、自分の10年間のすべてが詰まっていることになる。

逆にいえば、ここに書かれていなければどこにも書き残していないということなので、無駄に探しまくることもありません。

ちなみに、書類などは一つの箱に入れて3カ月間保存します。そして、3カ月たっても必要のない書類はどんどん捨てていく。捨てた書類を見直す必要があったとしても、せいぜい1年に1回か2回。そのために膨大な資料をとっておく必要はありません。特に、いまはネットで調べればたいていのことはある程度わかります。

明日できることは今日やらない

たくさんの仕事をこなすうえで大切なのが、「明日できることは今日やらない」という原則に立つこと。そういうと、皆さんは違和感があるかもしれません。「今日できることは今日のうちにやっておくべきだ」といわれて育ってきている人が圧倒的でしょうから。

でも、私からいわせるとちょっと違う。「今日できることを今日やっておけ」という感覚が強いと、明日やればいい仕事まで今日こなさなければならないという強迫観念にとらわれてしまう。特に仕事が増えてくると、そんなことをしていたら、本当に今日中にこなさなければいけない仕事が滞ってしまうでしょう。

簡単にいえば、危急の仕事とそうでない仕事を仕分けること。ですが、意外にこれができていない人が多いのです。よくいませんか？　たいして仕事を受けているように見えないのに、なぜかいつもアップアップで残業している人。

そういう人には、今日やるべき仕事と明日に回しても大丈夫な仕事の大きさが同じに見えてしまっていて、仕事の遠近感がない。だから、一見膨大な仕事が迫っているように感じても、時系列で整理すればそんなに恐れることはないと気がつくはずです。あえて仕事を先送りにする。そういう判断や思い切りが必要な場合があるのです。

あと、仕事の内容によってはむしろ直前に仕上げた方がよいものもあります。私の場合でいうと雑誌の原稿などがそうです。余裕を持って1週間前に原稿を仕上げても、その間に世の中の情勢が変わったらその原稿は価値がなくなってしまう。ヘタをすると企画やテーマが変わってしまうことも。そうなると完全に無駄骨です。

直前に自分を追い込んで一気に仕上げることで、むしろアウトプットの質が高まる場合もあるのです。集中してやるのでそれが好結果につながる。締め切り寸前にならないと書きださない作家などは、自分の傾向を知って無意識にそうしているのかもしれません。

ただし、仕事の遠近感をつかんで〝今日やる仕事〟と〝先送りにする仕事〟を仕分けるのには、やはりある程度の経験が必要です。

そのためにも、いろんな仕事を「断らない」ことで、自分に負荷をかけることが大切。それによって「明日できることを今日やらない」仕分けができ、さらに仕事をこなすことが可能になる。プラスのスパイラルになっていくのです。

人間関係も「断らない力」で広げることができる

人間関係でも、「断らない力」がとても大切です。たとえば職場でも、飲みに誘われて3回断ったらまず誘いはかからなくなる。自分は職場の人とは飲まないというポリシーの人もいます。たしかに職場の飲み会は愚痴や悪口など生産性のないものも多い。でも、完全シャットアウトもまた極端な気がします。

竹中平蔵さんと対談したことがあるのですが、竹中さんは一見クールで、そんな職場のつき合いなどはしなそうに見えます。でも、意外に飲み会には顔を出すそうです。しかも二次会のカラオケなどにも行くというのです。

ただし、途中で帰る。それにはテクニックがあって、まず2、3曲立て続けに歌う。で、コートなどはどこかにかけたりせず必ず自分の身の回りに置いておいて、歌った後にサッと帰ってしまう。周りは酔って盛り上がっているので気がつかないし、印象としてはすごくつき合いのいい人という感覚が残る。

ここまで来ると高等テクニックですが、人間関係というのはシャットアウトしたら完全に終わってしまう。その先がないのです。でも、何かしらつながっていたらそれがどう展開するか、可能性はつねにあるわけです。

自分の行動に壁をつくっていろんな人の誘いを断っていたら、面白い人や自分を成長させる人、場面に出会う確率は確実に減るでしょう。そんな生活を何年も送っていたら、結局仕事も人生もつまらなく、細いものになっていくんじゃないでしょうか。

年をとればとるほどたくさんの人に囲まれ、楽しくエキサイティングな人生を送る人と、逆に気づいたら自分の周りに人がいなくなり、寂しくしぼんだ人生を送る人がいます。この違いは、どれだけ人間関係を断らずにつくり上げてきたか、その違いだともいえます。

他人との差異を楽しむ

「断らない力」というのは、言葉を換えれば「受け入れる力」でもある。

同志社大学の神学部の学生だったころ、当時関西の大学ではまだ学生運動が盛んでした。当時神学部の学生たちが通う神学館という建物があって、私たちはその一室を根城にして侃々諤々、マルクスだのレーニンだのといった左翼思想から、神学や哲学の話を夜を徹して話し合っていたものです。

当時、私は神学部自治会のシンパでしたが、さまざまな学生運動の派閥のどれにも属さなかったので、比較的客観的な立場で全体を見ることができました。

セクト主義が横行し、主義主張の違う連中同士で喧嘩や内ゲバが横行していた物騒な時代。私は比較的間口が広く、そんな過激派の人とも気が合えば酒を飲んで話をしたものです。むしろ一見とっつきが悪かったり、最初は犬猿の仲だと思えるような相手ほど話をしてみると面白い。

私自身も身の危険を感じたこともありましたが、そうやって相手の懐に飛び込むことで、いろんなことを学ぶことができたと思います。たとえば私が属していた神学部自治会と犬猿の関係だったのが、当時の学友会。同志社大学の学生運動をまとめる組織の一つでしたが、外部の政党やセクトとの関係もあっていろいろ面倒だった。

その学友会の当時の委員長に、神学部自治会の委員長がある件で呼び出しを食らった。これは何かあるかもしれない、下手をしたら拉致され暴行を加えられる可能性もある。私と委員長で緊張して学友会に乗り込んだところ、暴力はなかったけれど中央常任委員会議への無期限の出席禁止、統制処分を食らった。

その処分を言い渡した学友会の委員長とはその時こそ一触即発、緊迫した空気が流れたものの、その後私たちの活動を理解した彼はちょくちょく部屋を訪れてくるようになった。私たちもそれを拒絶することなく、最終的には一緒に神学の勉強会や哲学の勉強会に参加し、酒を酌み交わしながら統制処分の時の光景を面白おかしく話す仲になりました。

この傾向は現在もそうで、私自身の思想信条もマルクスやレーニンといった左翼的な思想からキリスト教、神学という宗教的な思想まで、人から見れば節操がないくらい間口が広い。書いている媒体も、編集者とか編集方針が自分に合えば、左の雑誌だろうが右系の雑誌だろうが特に壁をつくりません。つき合いのある方々も、職業、立場、思想信条は本当に多岐におよんでいます。

私自身がキリスト教を信じているというのも大きい。考えてみれば、イエス・キリストほど相手を受け入れた人はいません。「右の頬を打たれたら左の頬を出せ」なんて断らない力の究極だといえます。実際そうやって彼は多くの人たちの罪さえも受け入れ、自分の運命を受け入れ、十字架にかかるわけです。宗教の本質とは相手を拒まないこと、受け入れることだと思います。

まあそこまで深く考えないにしても、相手を拒絶し、シャッターを閉じてしまえばそこで終わってしまいます。自分の周りにバリアを張って自分と違う相手、違う考え、違う生き方を排除すれば、それはたしかにラクに生きられる。

ただし、成長はそこでストップしてしまいます。なにより人生の出会いも、経験やエピソードも極端に減ってしまうでしょう。そうなったら、いったい私たちは何のために生きているのか？　リスクは減るけど、得るものも確実に減ってしまう。それじゃあ、あまりに寂しい人生じゃないでしょうか。

自分の世界に逃げ込まない

ところが情報があふれる今の世の中ほど、自分の中の世界や、自分と同質の人間だけで固まってしまう傾向があります。

いわゆるオタクと呼ばれる世界がその典型。自分なりの世界観を持って、その分野の情報に詳しいのはけっして悪いことではありません。問題は、異質な存在や価値観を排除しようとする閉鎖性が強い場合があること。

ある意味、そのような人たちは周囲のさまざまなことを「断り」続けてきた人たちだといえます。自分たちとは違う世界の人間とのつながりを持とうとしない。セッションしようとしない――。同質であることに特有の居心地のよさはあるかもしれませんし、必ずしもそんなコミュニティを否定しません。そもそも同志とか仲間という概念には、どこかに何かしらの同質性や共通性があるものです。

ただし、それがあまりにいきすぎると純粋培養的な〝ぜい弱さ〟が生まれる。異質なものを受け入れ、それらとコミュニケーションをとりセッションすることで、精神的なタフさが身につく。オタクと呼ばれる人たちには、そのようなタフさが希薄なように感じます。

これは極端な例にしても、最近の若いビジネスパーソンにもそのような傾向がみられます。同世代や同僚とは上手くコミュニケーションがとれるが、自分より上の世代や上司とは上手く会話できない。昔のような〝飲みニケーション〟の時代は終わったにしても、時には自分と全く話がかみ合わないような異質な人たちと話をしてみる。これも大事な「断らない力」だと思います。

もう一つ、若いビジネスパーソンで気になるところが、最初から自分の仕事の範囲や量を限定している人が多いこと。これは自分の仕事、これは別な人の仕事と明確に線引きをする人が目につきます。自分の仕事以外のことを頼まれると、「それは私の仕事じゃありません」ときっぱりと言い切るという。

これは仕事ができるタイプに多い。自分の得意な、勝手知ったる仕事はきっちり完壁にこなすが、そこにこだわりすぎて未知の仕事にあえて手を広げようとしない。いまさら失敗やミスをしたくない、叱られたくないという気持ちが強いんでしょう。おぼっちゃまとかエリートに多いタイプで、自分で自分の可能性を狭めてしまっているんです。

絶対に断らなければいけないこともある

若いうちは仕事も人生も基本的には断らないこと、受け入れるという姿勢で臨むことが大事ですが、だからといって何でも無節操に受け入れるのがいいわけではない。当然、これだけは絶対に受け入れてはいけない、というのもあるわけです。たとえばそれが自分の存在意義（レーゾンデートル）に直接関わる部分。これに関しては、断ってしかるべきでしょう。私の場合、一番わかりやすい例が検察に捕らえられ、事実と違う供述を求められた時。この時はきっぱり断りました。検察の目的は単純で、要は鈴木宗男議員を収賄の罪で起訴したかった。そこで私のような周辺の人間を捕らえ、そのストーリーに合った供述をとろうとしたわけです。

あいにく私は、検察の描くストーリーに合った供述をすることはしませんでした。なぜなら事実ではないから。長年一緒に頑張ってきた鈴木さんを、嘘をついて裏切ることは私の良心が許さなかった。こうした時だけは、相手が検察であろうと国家であろうと受け入れることはできません。きっぱり嘘の供述に協力することは断りました。自分の存在意義、根幹に関わることと矛盾するような誘いや誘惑に関しては、やはり断る。その時は大変かもしれませんが、長い目で見れば必ず自分にとってプラスになるはずです。

あとは社会通念上、また社会生活を送る人間として絶対に受け入れてはならないものもあります。たとえば児童ポルノ。最近法改正され、歪んだ欲望を児童に向けることは世界常識から見ても強烈なタブーになっています。あるいはドラッグ。脱法ドラッグに手を染めたら、組織や社会はもちろん、守ってくれる者はいなくなります。

手を出したらアウトになるものが世の中にはある。それに対しては明確に、断固として「NO」という。逆にいえば、この線引きが明確にできているからこそ、「断らない力」を存分に発揮し、高めることが可能なのです。

リスクをどれだけ抱え込めるかで人生は変わってくる

相手を断らず受け入れるということは、ある意味で自分を押し殺さなければならない部分を生じさせます。それ自体がストレスにもなるでしょうし、自分の時間を奪われるというリスクにもつながります。

さらに相手の考え方や存在そのものが、自分の存在を脅かすこともあります。それまで自分が信じていた価値観や考え方を否定されてしまう可能性もある。それは時にとても辛いことでもあります。それまでの自分が否定されてしまうわけですから。

相手を拒まず受け入れるということは、そういったさまざまなリスクと向き合うということです。実際に予期せぬトラブルに巻き込まれることだってある。

その辺りを上手く計算して、絶妙な距離感で極力リスクをとらずに生きていく人もいるでしょう。でも、それもなんだかつまらない。

私はといえば、かなり冷静に客観的に物事を見極める部分も強いのですが、半面、どこか対象に飛び込むというか、突っ込んでいく部分も強い。物事の奥、その先を見極めるには、どっぷりと対象に浸からないと見えてこないモノが絶対にあるのです。

のめり込んだ対象は、どうしても最後まで見極めたくなるというのが、どうやら私の性のようです。学生時代しかり、外務省での鈴木宗男議員と二人三脚で北方領土返還の問題にあたっていた時もしかり。

当時も、「あまり深入りするな」と忠告してくれた人もいました。信頼している相手でも、政治家というのは結局政治という大きな力の流れの中で生きている人たち。どこにどんな落とし穴が待っているかわからない。経験が豊富な先輩や上司こそ、私ののめり込み方が危なっかしく見えたに違いありません。

案の定というか、まさにそのアドバイスは当たっていたわけです。大きな政治の力学の中で、私も鈴木さんも逮捕されました。あくまで罪はでっち上げだと考える私は、認めなかったために512日間もの勾留生活を強いられ、あげく外務省を辞めることになった。

その点だけを見れば、私は大きな損失を被ったようにも見えます。私にアドバイスをくれた人たちは、「だからいわんこっちゃない」と思ったことでしょう。

それでも、私の受け止め方は全く違うものです。勾留中の512日間、外部の雑音の全くない中で、私は思う存分好きな本を読み、日記や文章を書くことで自分を徹底的に見つめ直す時間をつくりました。おかげで私は、作家として第二の人生を始めることができた。神様が再生のためにくれた貴重な時間だったのかもしれません。

さらに、社会的なバッシングの嵐の中で、本当に私を信頼してくれる貴重な仲間や友人がいることを知った。先の学生時代の話に出てきた、一緒に自治会活動や勉強会をした仲間が皆で私を支援し、カンパしてくれたのです。

正直、これほどありがたく心強いことはなかったし、私の生き方自体は、基本線においてけっして間違っていなかったのだと勇気づけられました。このような実感は、普通に生きている時にはなかなか体験できないものです。そういう意味で、私は人ができない貴重な体験をたくさんさせてもらったと思う。

失ったものより、得たものの方がはるかに大きい。自信を持ってそういえます。

自分をとり巻く人たち、目の前に起こるさまざまな出来事を受け入れる。それと誠実に精いっぱい向き合えば、自ずと運命は次のとるべき道、進むべき舞台へと導いてくれる。私の体験からの実感です。

「断らない」を考えるための本

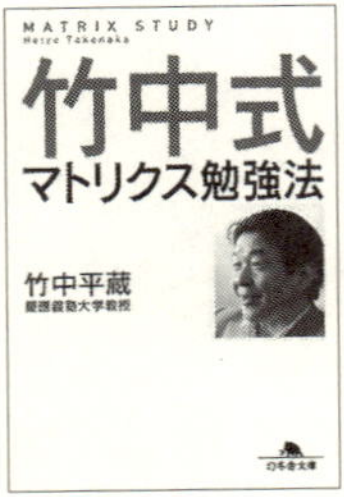

『竹中式 マトリクス勉強法』

竹中平蔵／幻冬舎文庫

仕事を断らず引き受ける人間になるには、能力を高めることが必要。本書には目標の持ち方から勉強法まで、仕事力向上につながるヒントが満載

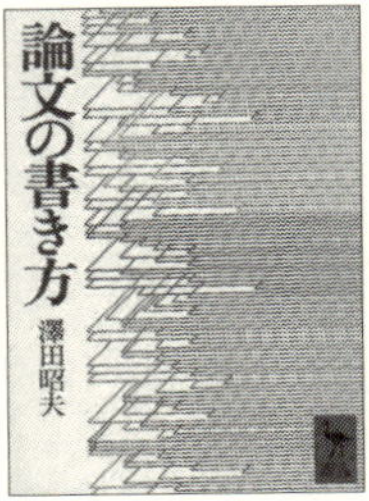

『論文の書き方』

澤田昭夫／講談社学術文庫

仕事をそつなくこなすには、合理的な思考力が前提になる。本書は論文の書き方を通して、合理的な思考を一から学ぶことができる

第六章　お金に振り回されない

私が講演を引き受けないわけ

作家の仕事を始めてから守っていることがあります。それは、講演をできるだけ引き受けないということ。ギャラが安いからじゃありません、高すぎるからです。

たとえば本を1冊書いたとして、最近では初版3000部なんていうのはザラなので、1冊2000円として印税はその1割ですから60万円。

ところが講演なら1回あたり60万円、80万円なんて依頼がくる。人間は易きに流れます。一度講演で味をしめたら、生来怠け者の私なんかは本が書けなくなってしまうんじゃないか——。だから、基本的に講演はしません。例外として、書店などが主催する場合は普段お世話になっているので引き受けます。ただしその場合はノーギャラ、あるいは交通費の実費くらいの金額でならやることにしています。

生きるうえで、お金はなくてはならないもの。誰だってお金はほしいし、たくさん稼ぎたい。私だって同じです。ただしお金には、麻薬のようなある種人間の感覚を麻痺させる力がある。お金の大切さと同時に、お金の怖さも知っておかねばなりません。

ちなみにいまの初任給の平均は大学卒でだいたい20万円くらいですが、私が外務省に入省した1985年、いまから約30年ほど前は月8万7000円でした。

バブルの前でしたから、特に公務員の給料は安かった。8万7000円のうち寮費が3万7000円。当時の役所の寮なんて築50年くらいのオンボロでしたが、港区天現寺で場所はよかった。初任給で残った5万円はそっくり親にあげました。よろこんでくれましたね。2カ月目からは全部、自分の小遣いにしました。それで生活ができたのは、結局研修生の1年目はお金なんてほとんど使わない。夕食はついてるし、昼なんて忙しいから外に食べにも行けない。省内の食堂の200円のカレーライスを食べるくらい。超過勤務が月100時間だったから、休みもほとんどないしお金を使う機会がありません。

ところが、お役所の場合は年次を経るに従って給料が増えていきます。3年後には12～13万円になったでしょうか。しかも外務省の場合、在外勤務になると基本給のほかに在外手当がつくので急に増えます。

私の場合、入省した3年後の1988年にモスクワの日本大使館勤務になり、その時は本給とは別の在外手当だけで月30万円を超えました。外交官としての対外的なメンツが大きいのだと思います。外交官が薄給でピーピーしていたら、この国は大丈夫かなと思われますから。

突然収入が倍増するので、中には金銭感覚が狂う職員もいたでしょう。特に当時はバブルで日本経済が一気に上昇した時です。ただ、あの当時は公務員より一般企業の人たちの羽振りがすごかったのではなかったかと想像しています。

実は、私は日本のバブル絶頂期に駐ソ連大使館勤務だったので、残念ながら日本のバブルの浮かれぶりを実感していません。聞くところによればタクシーチケットなんて使い放題で、金曜の夜はどこもタクシー待ちの行列だったとか。

そんなバブルも弾け、投資や不動産で大儲けしていた人たちが一気に赤字や破産に陥り、一般サラリーマンの給料も減ってしまった。当時の高給ですっかり金銭感覚が狂った若いサラリーマンたちがその後もカードを使いまくって、それが後の多重債務者問題までつながっている。お金というのは人の心を変えるだけでなく、その後の生き方や運命までも変えてしまう。十分心してかからないと痛い目に遭うものです。

いくらあっても満足が得られないのがお金の本質

私が指摘したいのは、お金には「限界効用逓減の法則」が当てはまらないということ。具体的にいうと、たとえばどんなに好きな食べ物でも、ある程度食べてお腹が膨らんだらもういらないと思うでしょう。どんなにお酒が好きな人だって、ウォッカを3本も空けたらもうお酒を見るのも嫌になるはず。

これが「限界効用の逓減」で、ある程度手に入れたら「満たされた」という感覚や「もうたくさん」という感覚になる。つまり充足することで欲望が減少するわけです。

ところがお金だけは違う。1000万円を手に入れたら次は1000万円がほしいと思う。1000万円手に入れたら、今度は1億円がほしいと思う。欲望に際限がない、つまり「限界効用が逓減しない」のです。

これがお金の怖いところで、一種麻薬に似ています。どんどんエスカレートして、それがないと不安になり、けっして満ち足りるということがありません。

外交の世界では「情報を金で買うな」という鉄則があります。ある人物から情報を得ようとする際、お金の力に頼るのが一番簡単に見えます。しかし相手が報酬に味をしめて金額を吊り上げてきたり、金銭の額に応じて情報の質を変えてきたりする可能性がある。しかも場合によっては、より高い報酬を支払う別の第三者に寝返る可能性もあります。

インテリジェンスの人間にとっては、情報の質こそが最大のポイント。ですから、お金に対する執着の強い人間には警戒して近づこうとしません。そういう人の特徴は、お金を請求する時に積算根拠のないお金を要求してくることです。

たとえば10万円必要だとなった時、これとこの資料を買い、相手と会食するのにいくら必要だというように、その内訳を明示できる人は大丈夫。多少それに上乗せをすることはあっても、法外なお金を要求することはまずありません。

あとは要求金額は高くてもちゃんとした理由がある人物。自分の娘が病気で医療費がかかるなどの事情がある人は報酬を吹っかけてきますが、理由があるのでその後要求がエスカレートする危険は少ない。

ところが、お金の内訳についての説明が一切なく、アバウトにいくらと要求してくる人物がいる。これはただのお金好きな人間だと判断して警戒します。そういう人物はどんどん要求がエスカレートするのが常で、これなどもお金に「限界効用逓減の法則」が当てはまらないことを証明しています。

お金とは「人と人との関係」を具現化したもの

なぜ、お金には「限界効用逓減の法則」が当てはまらないのでしょう？　それはお金は人間がつくり出したものであり、自然物ではないからです。

そもそもお金はどうして生まれたのか？　こういう根本的な問題に応えてくれるのは近代経済学でも、まして最近のマネー本でもなく、マルクスの『資本論』です。お金は商品の交換から生じます。たとえばいま自分はボールペンをたくさん持っている。ジュースが1本ほしいのでボールペン2本と換えてくれと交渉し、成立する。

今度はICレコーダーがほしいとします。ICレコーダーは価値が高いのでボールペン100本と交換してくれと交渉する。しかし相手はボールペン100本も必要ないからダメだと。ならばボールペン50本とジュース25本でどうかと。

こういう風に、商品の交換だとかなり面倒なことになります。そこで、誰もが共通に価値があると認めるものを媒介させ、交換しようとなった。たとえば、かつての日本ではそれがおコメだった。いったんコメに換えることで、後から他のものにいくらでも交換できたんです。これを『資本論』では「一般的等価物」と呼んでいます。

ただしコメはかさばるし時間とともに劣化します。そこで、それに代わる一般的等価物として金や銀などの貨幣が生まれ、やがて紙幣になっていく。お金というのは商品の交換の際に必然的に生じてきたものであり、人と人との関係と、その概念がモノになって具現化したものです。

自然界にあるものは、人間はある程度得られれば満足するよう本能的にプログラムされています。しかし、人間と人間の関係がつくり出したお金には、それが当てはまらないようです。

たとえば、魚や野菜を必要以上に大量に買う人はいないでしょう。余ったら腐らせるだけだからです。ところがお金はいくら持っていても腐らないし、基本的にどんなものにでも交換できる。だからたくさんあればあるほどいいと考える。

守銭奴という言葉がありますが、まさにお金を貯めることだけが趣味のような人もいます。たしかに資本主義の世の中は、すべてを商品化する方向に動きますから、最終的には人間の命さえお金に換算してしまう。そんな世の中であればこそ、お金だけが信用できるとひたすら蓄財に励む人が現れてもおかしくありません。

100万円手に入れたら1000万円、1000万円手に入れたら1億円……。際限のないお金への執着の連鎖が始まるわけです。

お金が紙切れであることに気づく瞬間

お金は具体的な商品やモノではないがゆえに、さまざまな可能性と期待、欲望が無制限に反映されます。逆にいえば、それくらい多くの人に幻想を抱いてもらった方がお金、通貨としての価値や強さが出てくる。

最近はＦＸなどで個人投資家も為替に関わることが増えていますが、まさに通貨の強さが国家にも投資家にも重要なポイントになっています。

ただし、その価値は本来の通貨そのものの価値とは違ったものであることを忘れてはなりません。通貨がＦＸのような投資の対象になった以上、それをとり巻く人間たちの期待や信用、思惑を反映した、実体とは遊離した蜃気楼のようなものになっているのです。

皆さんは一万円札の原価がどれくらいか知っていますか？　造幣局の輪転機を回せば原価はわずか22円。つまり、本来の一万円札の価値は22円なのです。お金が幻想から成り立っているというのは、この事実からもわかるでしょう。

この幻想が崩れる瞬間を私は体験しています。旧ソ連の日本大使館に勤務していたころ、当時はソ連が崩壊する直前で、とてつもないインフレと物資不足にあえいでいました。

忘れもしない1991年1月のある日、夜のニュースで突然、「本日24時で五十ルーブル、百ルーブル紙幣が使えなくなります」とアナウンサーが読み上げたのです。日本でいうなら五千円札と一万円札が使えなくなるのと一緒。それまで使っていたお金が紙切れになる瞬間というのは、言葉にはできない感覚です。

日本も終戦直後には同じような状態だったわけです。激しいインフレでお金の価値が一気に下がり、また当時は国のお金のほかに国外では軍票という軍が発行していたお金もあった。軍票で資産を持っていた人もたくさんいたはずですが、当然すべて紙切れです。

お金とは人と人との関係がつくり出した人工物であるがゆえに、また人々の幻想と欲望を反映したものであるがゆえに、価値が一気に膨らむこともあれば、まったくのゼロになることだってある。

その怖さを体験しないまでも、頭の隅に入れておくことは必要です。

巨額になるほどリアリティがなくなる

貯蓄というと、浪費とは反対に美徳であるかのようなイメージがありますが、将来の欲望を極大化して考えているという点では、とても強欲な行為だともいえます。今だけの欲望ではなく、1年後、5年後、10年後の欲望まで満たそうとしているわけですから。

一般の人が給料を積み立て、せいぜい1000万円とか2000万円とかを貯蓄するというのであれば、特に問題はありません。それが数十億円、数百億円という巨額になると、国家はその人間を警戒しだします。

なぜなら、お金は権力と結びつくからです。ホリエモンがなぜ目をつけられ捕まったかといえば、お金をつくりすぎたから。その資金力にものをいわせて、政治や経済を動かそうとするのではないかと国家から思われたからです。

国家はこのような人物を嫌いマークしますが、これこそが国家の本性です。鈴木宗男さんが捕まったのも、外務省との関係云々だといわれますが、本当の理由は政治資金を3億も4億も集めるから。鈴木さんは不正な手段でお金を得ていたわけではないのですが、ある一定以上のお金は政治的な力に結びつく。そして、そのようなお金を生み出す人物に対するやっかみや恐怖がある。

お金というのは、数千万円規模であるうちは庶民的な生活レベルのリアリティがありますが、そこから先、数億となると質が変わってくる。税務署や国家が絡んだ、どこかキナ臭いにおいが漂う危険物に変質するのです。

リアリティということでいうなら、お金そのものがバーチャル化していることも怖さの原因の一つ。特に昨今はネットバンキングなども普通になり、そこからお金を移してモノを買う。さらに投資や運用もできる。お金そのものに触れずにお金を動かすことができる時代には、ますますリアリティがなくなっていくわけです。

勾留中に私を担当していた検事は脱税事件の専門家でした。私の通帳もさんざん調べられたのですが、その担当検事いわく「あなたはお金を抜いて不正を働くような人物じゃない。通帳のお金の出し入れ、動きを見ていればわかる」というのです。

その検事によると、巨額のお金の不正を働く人は、通帳や帳簿の巨額のお金がまるでただのデータ上の数字のように動いているそうです。あたかもゲームの得点やポイントのように、無造作に大きなお金が頻繁に動いているとか。

お金のリアリティが失われると、巨額の不正も実感なく行ってしまう。たとえば証券会社や銀行のディーラーで10億、20億、時には100億円を動かす人がいる。そんな巨大なお金がネット上の数字でやりとりされていれば、感覚が狂うのも当たり前でしょう。

その担当検事がいうには、100万円とか1000万円とか、お札の重さがわかる範囲で生活している人は巨額の経済犯罪は起こさないという。つまり、お金のリアリティをわかっているかどうかなのです。

お金そのものがすでに自然物ではないバーチャルなものなのに、そのお金がいまやIT化で形を失ったデジタルな数字と化しており、ますますリアルから遠ざかっているのです。

資本主義がそのエゴをむき出しにしてくる

資本主義社会はお金を中心に回っているシステムです。お金が欲望や幻想から成り立っているとしたら、私たちの社会もまた欲望と幻想から成り立っているといっていいでしょう。

人々の欲望と幻想を掻き立て、煽ることで消費を促す。いっぽうで働く人たちは労働力として搾取される。共産主義国家は失敗だったというのがいまや世界的な共通認識となっていますが、マルクスが見破ったお金の本質、資本の論理というのはいまでも変わらず真理だと思います。

むしろ資本主義が独り勝ちしている世界では、資本のエゴがむき出しになって襲いかかってくる可能性がある。

マルクスは、毎月の賃金を再生産という視点から三つの要素に分けて考えています。

一つは衣食住という生活の基本にかかるお金と、レジャーなどリフレッシュするためのお金。これは1カ月分の生活を賄い生命を維持するとともに、リフレッシュすることで次の1カ月を頑張るため、充電を行うためのお金です。

二つ目は家族を養うお金。そこには、子どもをつくって、ちゃんと仕事ができるようになるまで育てるためのお金も含まれます。これによって世代が続き、労働力が確保されて再生産が可能になる。

三つ目は教育費です。技術革新が起きたり世の中が変化すると、それに応じて新しい知識や技術を身につけなければならない。新しい労働環境に適応するための教育費として、賃金が支払われなければいけないということです。

マルクスは少なくともこの三つの要素を満たすべく、資本家は労働者に対して賃金を保証しなければならないと述べています。そうしなければ資本の論理に不可欠な再生産が上手くいかなくなり、自分たちの首を絞めるというわけです。

ただし、実際に資本がそのように賃金を保証するでしょうか？　答えはあきらかにノーです。よほど景気がよくて企業の業績が上がっているか、あるいは労働組合が強くて賃金交渉をしっかりしているか。そのいずれかが欠けても、利潤を追求する資本の論理は賃金を削る方向に傾きがちです。

まして、バブル以降の低成長時代になればなおのこと。いまや労働組合は形だけでも残っていればまだましなほうで、新しい会社などは影も形もないというところがほとんどです。そうなると、やはり賃金は会社の都合で一方的に削られます。まずは、レジャーや余暇にかけるお金なんて払う余裕はないとします。次に教育費です。勉強なんて自分のためにやることなのだから、自分のお金でやってくれ。賃金には含めませんよと。

そうやってどんどん削られていき、しまいには住居手当や交通費も削られ、結局は着るものと食うものしか買えないような最低賃金まで減らされてしまう。それを象徴する労働形態が現在の派遣労働者であり、フリーターが時折働く際の日雇いの条件なわけです。

これは目の前で進行している現実です。この傾向は、これまでは派遣労働者が中心でしたが、今後はあきらかに正規労働者にまでおよんでくる。グローバル化の時代、東南アジアやインドなどの安い労働力がこれからどっと押し寄せるので、当然賃金には下方圧力がかかるからです。

この流れは変えることのできない必然的なものです。私たちはこのような現実を直視したうえで、お金とのつき合い方を考えていかなければなりません。

自分の労働をいかに高く売るか

私たちが暮らしているこの社会では、残念ながら全員が幸せになれるわけではありません。それどころか、これからは敗者にとってはますます生きにくい、厳しい社会になると考えられます。

アベノミクスで株価は一時的に上がりましたが、今後はわかりません。日銀を動かしての大規模な金融緩和政策も、はたして吉と出るか凶と出るか。金利が上がって、ヘタをしたら借金だらけの財政がさらにひっ迫する恐れもあります。

肝心の賃金は上がるのか。少なくとも現時点では顕著な上昇は見られませんが、たとえ上がっても物価がそれ以上に上がれば実質賃金は下がってしまう。そうなったら庶民にとっては泣きっ面に蜂です。

だからこそ、私たちはお金に振り回されるのではなく、お金を味方につけるような生き方をしなければならない。

まず基本的なことですが、単なる労働力になってしまったら、賃金はそれこそどんどん下がっていく可能性がある。勝間和代さんはこのことをわかりやすい言葉で「コモディティになるな、スペシャリストになれ」といっています。コモディティすなわち商品になってはいけない。自分自身がどこにでもある労働力に堕ちてしまったら、あとは資本の都合のいいように安く使われ、消耗したら別の労働力で代替されるだけ。

そうではなく、一芸に秀でたスペシャリストになる。弁護士や税理士のようなむずかしい資格とはいかなくても、その道のプロ、職人になって代わりのきかない人材になるのです。

マルクスの言葉でいうなら熟練工ということですが、そうなればそれなりのギャランティーを要求しながら仕事をすることができる。

資本の力とは、すべてを商品化する力ともいえます。その流れに流されずに抵抗するには、自分自身がモノに落ちない抵抗をしていかなければなりません。そこを意識しながらキャリアを積んでいくことが重要です。

お金を受けとることで主従関係ができあがる

たとえば、ある人が突然あなたに毎月20万円保証するといったらどうしますか？

それまで月15万円の給料で生活していたら、やっぱり飛びついてしまうかもしれません。ですが、私からいわせればタダより高いものはない。

人間には「返報性の法則」と呼ばれる心理があって、何か施しをされると、お返しをしなければならないという気持ちになります。これはキャッチセールスなどでよく使われる手で、最初に小さな器とかボールペンをくれる。するとどうしてもお返しをしなければという気持ちになるのです。そうやって負い目を感じさせておいて、パーティなんかに連れて行って高額の商品を売りつける。

フランスの社会学者マルセル・モースは、『贈与論』（筑摩書房）という著作の中で、物を贈ったりもらったりするということが身分関係になると書いています。

タダでものを受けとると、そこで主従関係が発生してしまう。そういう場合はお返しをするなり、ある程度のお金を払って買う。そうすれば力関係は発生しません。

このことが如実に出ているのが政治家同士の関係です。政治家がなぜ金を配るか？そうやって金を配ることで、力関係を明確にしていく。たとえ意図的でなくとも結果的にそうなってしまうのです。金権政治とよばれた田中角栄さんなどは、そのようなお金の力を十分に熟知したうえで強固な派閥をつくっていったわけです。

ですから、冒頭のような突然降ってわいたようないい話には、必ず裏があると思って気をつけた方がいい。一見金銭的には楽になるし、働かなくていいから天国のように見えますが、それによって相手との主従関係がはっきりして、さまざまな自由を制約される恐れがあります。

当たり前のことですが、タダでもらう20万円より、まっとうに働いて稼いだ15万円のほうが価値がある。それは誰にも文句をいわれない自分のお金。そういうものに価値を置くという気持ちが大切です。

株もFXも投資ではなく投機

それに少し関係しているかもしれませんが、お金を増やすにあたって投資で増やそうと考える人も少なくないでしょう。特にアベノミクスなどと呼ばれてお金が市場にあふれ出してからは、株やFXなどがまたぞろ注目されだしています。ここ最近は、銀行や証券会社などからも新たな金融商品がやたら出ていますね。

ただし、大儲けしたとマスコミなんかでもてはやされているのはほんの一握り。その背後には、損をしたたくさんの人たちがいるのを忘れないことです。

「これからの時代、資産は自分でつくり守らなければいけない」

「銀行に預けていても低金利で増えない」

「これからの物価が上がる時代は何もしなければ資産が減っていくだけ。そのリスクを避けるには投資で増やすこと」

そういわれると、なんだか株の一つもやらないと時代遅れのような気がしてきます。ただし、最近の株にしてもFXにしても投資というよりは投機。本来、投資というのはその企業が中長期的に成長すると見込んで株を買うことであり、業績が上がったらその株の配当金をもらう。その配当金を目的にするのが本来の投資であるはずです。ところが実際はどうか。配当金ではなく株式そのものの譲渡益を狙って買い、株価が上がればすぐさま売って利益を得る。あるいは売りから入って株価が下がったところで買い戻す。この一連の行動のどこが投資なのでしょうか？　極端にいえば、株価が思うように動くならどんな会社の株だっていいわけです。あきらかに投資ではなく投機でしょう。

私自身も著作の仕事をして感じるのは、単行本を書いて得た初版のお金が本来の労働のまっとうな対価だということ。ですから、重版でさらにお金が入ったというのは、いうなれば不労所得、予定外の収入だと考えます。それを自分の労働の対価としてとらえるとおかしなことになる。そのあたりの線引きはしているつもりです。

借金の仕方ひとつで人生を棒に振る

お金の貸し借りについても、これからの時代はかなりシビアにならなければいけません。じつに多くの人がお金の貸し借りの問題で人生を棒に振ったり、困難な目に遭っています。

まずよくいわれることですが、友人間のお金の貸し借りは基本的にしないこと。気の置けない友人であればあるほど、本来お金を貸してくれとはいい辛いものです。

それをあえていい出すということは、実は親友関係ではなかったとか、あるいは本当の親友だとしたらよほど切迫した事情だということです。

そのようなお金は、貸したらまず戻ってこないと考えた方がいい。ですからもし友人から借金の申し出があったら、額にもよりますが貸すというよりあげた方がずっとスッキリします。もう一つは、逆にきっちりとやる。特に額が大きいのなら弁護士や第三者を間に立て、借用書を書いて利息計算までしっかりする。冷たいようですが、そこまでやったほうがお互いのためによい場合があります。

いずれにしても戻ってこないことは織り込んでおく。というより、実際ほとんど戻ってこないでしょう。相手も最初からだますつもりはないのでしょうが、返すことがどうしてもできない状況なわけです。貸した方は覚悟のうえだからと納得しても、やはり相手はもうあなたの前に姿を現さなくなります。

いつの時代もそうですが、これからの時代は特に借金を極力しないこと。どうしてもする必要があるのは住宅ローンくらいですが、その際気をつけるのは可処分所得の4割を絶対に超えないこと。月の収入が額面で35万円として、税金や年金、保険などを差し引かれて26~27万円くらいでしょうか。その4割ですから約10万円。

これは住宅を借りている場合も同じ。住居費が4割を超えるとどうしても無理が出てきて、ついつい消費者金融に手を出してしまう。すると50万円、100万円なんてあっという間に借金が膨らみます。気がついたら借金とりに追われているなんてことにもなりかねない。

特に、いまは総量規制で年収の3分の1以上は貸せない仕組みができていて、昔のように借り換えができない。多重債務の危険は減ったものの、本当に首が回らず四苦八苦している人がたくさんいる。いまは無料で相談に乗ってくれるところもたくさんあります。とにかく独りで悩むより、弁護士などの専門家に相談すること。

自分がどうしても借金しなければダメな場合、恥ずかしいと思うかもしれませんが、やはり親に頼むしかありません。親が貸してくれる余裕があるなら素直に頼ったほうがいい。高利の消費者金融なんかに手を出して、額が膨らんでから泣きつくよりずっとマシです。

究極の個人情報である「信用情報」の恐ろしさ

借金するうえで気をつけなければならないのが信用情報です。普段生活している分にはあまり意識しないのですが、銀行やクレジット、消費者金融などでお金を借りると、その人の借金の額や返済履歴などが信用情報会社で一元管理されます。その人が新たに借金をする場合、それぞれの金融会社がそこに問い合わせて審査をしたうえでお金を貸すかどうか、貸せるとしたらいくらくらいかを決めます。

よくブラックリストに載った載らないという話が出ますが、まさにそのブラックリストはこの信用情報会社が握っている。この信用情報によって、私たちは知らない間に評価され格付けされているのです。

怖いのは消費者金融からお金を借りているという事実だけで、まず住宅ローンが借りにくくなる、あるいは借りられなくなること。そろそろ家を購入しようかと住宅展示場なんかで説明を聞いて、奥さんも自分もすっかりその気になった。定収入も頭金もある。不動産屋もこれなら大丈夫と書類を銀行に回して融資をお願いする。銀行もまず自分たちで簡単な審査をして、全く問題なし。まず大丈夫だと思いますが、しかるべき所で与信審査をしたうえでまた連絡しますと担当者から連絡がくる。その感じではほとんど融資はOKと思っていたら、1週間後に担当者から申し訳なさそうな声で、「申し訳ないのですが、今回の融資は当行ではお受けできないことになりました」となるのです。

理由を聞いても、原則として銀行の担当者は融資不可の理由を教えてくれません。いろいろ周辺に聞いてようやくわかるのが、実は消費者金融で借りているお金がある。

額は大したことはないし滞納したこともない。それでも消費者金融から借りているという事実だけでアウト。そういうことが巷でたくさん起きているのです。

軽い気持ちで借りたものが、実は信用情報として大きな意味を持ってしまう。たとえ融資を受けられたとしても、リスクの高い人物ということで金利を上乗せされたり、銀行以外のところから高利で借りるしかなくなったりします。

信用情報による選別化が進んでいるのが米国です。サブプライムローンなどは、まさにこの信用格差の中で生まれた商品。つまり、本来の銀行の商品では貸すことができない信用情報のランクが低いサブプライム層に向けて、彼らでも組めるローンとしてつくった商品なわけです。ですから基本的に高金利。最初の数年は金利が低くて返済がラクでも、その後一気に金利が上がる商品ですから、そこで返済不能者が続出したわけです。

結局、資本主義の世の中では金持ちはますます優遇されてお金持ちに、貧乏人はますますお金を絞り取られて貧乏になっていく。そして個人情報保護のこの時代の裏で、実は信用情報というとてつもない個人情報が密かにやりとりされている。

一度その中で足を滑らせて落ちたら、這い上がってくるのはとても困難です。だからこそ、くれぐれも変な借金をしないこと。どうしても必要なら恥を忍んでも親に泣きつけというのは、そういうわけなんです。

私たちが生きている世界は、残念ながら我利我利の資本主義社会です。アベノミクスが何を目指しているのか、実のところよくわからないのですが、このまま新自由主義が跋扈すれば、その傾向はますます強まるでしょう。

だからこそ、国家や資本という巨大なシステムにどっぷりつかってその論理に追われるのではなく、お金のリアリティを大切にすることが、お金に振り回されず、お金を味方にする一つの方法だと思います。

「お金に振り回されない」を考えるための本

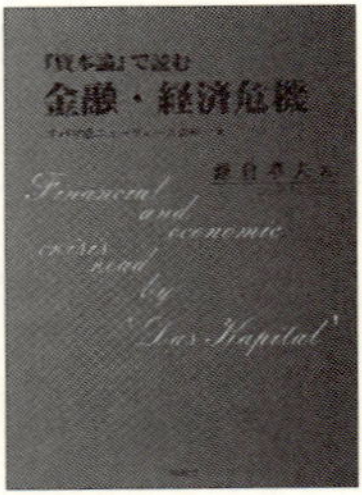

『「資本論」で読む金融・経済危機』

鎌倉孝夫／時潮社

なりふり構わない米国の金融政策はどこに向かっているのか。『資本論』を現代に当てはめることで、お金と経済に関する新たな視点が得られる

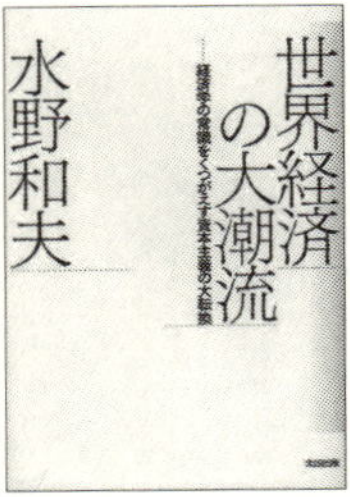

『世界経済の大潮流』

水野和夫／太田出版

現在のデフレ、財政危機の状況を分析し、常識にとらわれない視点で経済を読む。その姿勢が、お金とのつき合い方を見直すきっかけになる

第七章　あきらめない

夢や目標をただの「執着」と区別する

仕事でもプライベートでも、夢や目標があってそれを追い求めるという生き方はとても大事です。プロスポーツで大成して活躍している人たちの小学生や中学生の卒業アルバムを見ると、当時からすでに「サッカーの日本代表に入ってワールドカップに出る」とか、「大リーグで活躍する」とか、まさに将来の自分を予見するような夢を描いているケースがよく見られます。

彼らほどではなくても、私たちはその時々で目標を立てたり夢を描いて、それに向けて努力する。その結果自己実現に近づけたり、人生を有意義に感じることができる。やっぱり「あきらめない」で頑張る姿勢というのは、魅力的で意味のあるものだと思います。

ただし大事なのは、「何に対して、どうあきらめないで頑張るのか」。

たとえば好きな異性がいる。あきらかに拒絶されているのに、「俺はあきらめないぞ！」とつけ回していたら、これはただのストーカー。相手があることに関しては、こちらが一方的にどう頑張ってもダメな時はダメなんです。

あるいは東大に絶対に合格するぞと3年も4年も浪人したり、司法試験を目指して仕事もせずに10年も勉強し続けたり……。もちろんあきらめずに頑張るのは自由ですが、本当にそれがいいことかどうか。

やはり人にはそれぞれ適性というものがあります。適性のないものにいつまでもこだわるより、本当に自分の適性に合ったものを探した方がいい。本当に自分にふさわしい異性や自分の適性というのは、いま求めている以外のところにあるのかもしれません。たとえば外務省で働くのも、語学の適性があるかないかが大きい。皆あれだけの難しい試験と競争を勝ち抜いて入省しているのですから、基本的な学習能力があることは確かです。

ただし、本当の語学の能力、適性があるかどうかは別の話です。成績はよくても語学のセンスがいま一つの人は、たとえ入省してもその後はとても辛いことになる。だとしたら本当に適性のある仕事で、自分のもっている別の能力を思う存分生かした方がいいでしょう。

「あきらめない」という気持ちがそうした客観的な判断力を失わせ、かたくなになり、「執着」になると、自分にとってけっしてプラスになりません。いまの自分の頑張り、

「あきらめない」気持ちを冷静に見つめ直して、それが執着になっていないか、まずは見極めることが大切です。

出世を目標にして働くべきか

特にいまの時代は、「頑張っても報われない」状況があきらかに増えてきています。皆さんは自分の親や先生から、「努力は報われる、だから頑張れ」といわれたことはありませんか？　残念ながらいまやそんな時代じゃありません。

いまの30代の人たちの親は、多くが60代でしょう。その年代の人が若かったころは、ちょうど経済が右肩上がり。頑張ったなりに報われることが多かったと思います。

しかし今は人口減少、縮小経済の世の中。「お前の根性が足りないから契約がとれないんだ！」って60代の上司が若い社員を叱咤したところで、パイ自体が減っている。根性でなんとかなった団塊以前の世代とは違うんです。

それでもあきらめずに頑張れ、努力すればなんとかなると会社は社員のケツを叩く。結局、成果が出ずに体を壊したり、うつ病になったりする若い人が増えています。

実際、どんなに頑張っても報われない会社というのもあります。月に200時間残業してもまったく残業代がもらえないとか、いつまでたっても最低賃金のままだとか。いわゆるブラック企業というやつです。

そんなところでどんなにあきらめずに頑張ったところで、何かを得ることができるでしょうか。結局心身ともに消耗して、使い物にならなくなったところでクビになる。何一つプラスはありません。ならば思い切って職場や仕事を変えてみる。その方が新たな人生を踏み出すきっかけになるはずです。

実は、お役所というのも報われない組織の一つ。役人の第一の目的とは、国をよくしたいとか地域社会をよくしたいとか、そういう建前じゃありません。もちろん人にもよるでしょうが、多くは出世すること。その一点なのです。

彼らは同期の誰がどんな役職についたか、どの上司の下でどんなラインに乗っているかを非常に気にします。民間でももちろんあるとは思いますが、お役所ではもっと露骨です。

ただし、出世レースで最後まで生き残れるのはほんの一握り。課長補佐、課長から局長、事務次官に至るまでに、ポストはどんどん少なくなっていきます。

すると成績の振るわないキャリア官僚の場合、40歳半ばにして実質定年みたいな状況になってしまう人もいる。それまであきらめずに頑張ってきた人ほど、そこで目標を見失って腑抜けのようになってしまいます。ならばいつまでもそれに固執せず、あきらめて別の人生を歩むのも一つの手。著述業に転じたり国際コンサルタントになったり、あるいは大学の先生になることもできます。

お役所に限らず、出世に執着してあきらめずに頑張るというのは、あまりおすすめしません。お互い足を引っ張ったり権謀術数を駆使したり、たとえ目標を達成しても、必ずしも幸せな結果にはつながらないと思います。

〝ハマっている〟のか〝ハメられている〟のか

それにしてもいまの時代、仕事だけじゃなく「それは報われないよ」というものに頑張る人が増えている気がします。

たとえば一時ほどではないにしても、キャバクラにハマって何百万円も使ってしまう人がいる。おそらくどれだけ使ってもほとんど報われることはないのに……。

最近でいうなら、ＡＫＢにハマっている人もいる。それが楽しみであり喜びになっているんですから、「報われない」だなんて失礼な言い方かもしれません。

ただ、収入の多くをつぎ込んでＣＤを買い、足しげくコンサートに行く。誰かを応援するのはいいのですが、ほかのメンバーのアンチになってお互い攻撃し合ったり、異常なまでのパワーと執着心がある。あきらめないというエネルギーが、別の方向に行っているのではないかと思うこともあります。

あとはゲームにハマる人。もちろんそれも人の楽しみですから勝手といえば勝手なのですが、毎晩睡眠を削って膨大な時間を費やしている。リフレッシュになればそれなりに意味はあると思いますが、その域を超えてしまっている人も多いようです。それから宝くじも報われないことの典型。宝くじなんて当たる確率はえらく低い。それでも毎年年末にはまとめて買って、年明けの楽しみにしている人も少なくありません。

やはり怖いのはパチンコです。期待値自体は他のギャンブルに比べてそんなに悪くないようですが、問題は常習性です。大当たりを引いた時の感覚、それまでの演出や出玉が箱にあふれる実感、正常な感覚を狂わせてしまう色彩や光、大音量……。快感中枢を刺激するシステムになっているので、一度ハマったらなかなか抜け出すことは困難です。結局有り金を使い果たして、借金に手を出すということにもなってしまいかねません。

結局、高度消費社会ではいろいろなことが商業化されます。巧妙なコマーシャル戦略やマーケティング戦略で知らないうちに洗脳され、その結果報われない夢を永遠に追い続けさせられることになりかねません。

「オレは女優の○△と結婚するんだ！」と夢を描くのは自由ですが、限りなく妄想に近い。現代の商業主義はそんな幻想や妄想を掻き立て、それにハマる人を食い物にしていきます。「お前おかしいよ。いい加減目を覚ませ！」といってくれる友人が近くにいる人は、まだ救いがあります。

「だって、それが自分の楽しみだからいいじゃないか！」と言い切れるのであれば、それはそれでいいかもしれません。ただし、そんなカラクリに気がつかずに頑張っているとしたら――。それは報われない、虚しい頑張りになってしまう可能性が大きいのです。

目標は「終わり」がイメージできるものに

「あきらめない力」がテーマなのに、「あきらめるべきもの」の話ばかりになってしまいました。いっそ、すべてをあきらめて生きた方がラクなのでしょうか？　たしかにその選択もあります。

仏教なんてまさに「あきらめ」から始まる宗教。世の中のすべては移ろいゆくもの。目に見える世界は虚しいもので、それに執着するところから苦しみや不幸が生まれる――。もっとも、そこから未来に向けての希望が出てきます。過去にとらわれずに今努力すれば、それは将来必ず結果を出すものだと仏教は考えます。

それこそ世を捨てて宗教的な生き方を目指すなら、「あきらめる力」こそ必要になってきます。また、人によっては出世やお金儲けといった世俗的な成功をあきらめ、一種のニヒリズムの中で飄々と生きることをモットーにする人たちもいます。それはそれで価値ある生き方かもしれません。

とはいえ、人間はそう簡単にあきらめられない動物でもあります。己の欲望もあるし、何かしら目標や目的がないとやる気につながらないということもある。

特に近代になり西洋的な思想が広がってからは、社会全体が目的論的になった。資本主義的な経済が確立したことも大きい。つまり経済活動でも社会活動でも何かしら目的を定めて、それに向けて頑張るということが善であると。

これを目的論的な価値観というのですが、企業とかビジネスという概念も根本的には目的論的な価値観に則っています。戦後の親たちの頑張りもそこからきている。社会全体が目的論的な価値観で動いているのですから、なんだかんだいっても目標を立ててそれに向かって頑張るという生き方のほうが整合性がある。つまりは「あきらめない力」が必要になるというわけです。

目的論的な価値観は西洋ではギリシャの昔までさかのぼります。ギリシャ語の「テロス」は「目的」という意味。ただし、「完成」「終わり」という意味もあります。英語の「エンド」という言葉にも、「目的」と「終わり」の二つの意味がある。これは何を意味するのか。つまり目的論的な考え方には、必ず「終わり」や「完成」という概念がセットになっているのです。

「あきらめない」ということが目的論的なものであるなら、そこには必ず完成形、つまり終わりがイメージされていなければならない。

「執着」の泥沼に陥ってしまう人は、たいがい「終わり」や「出口」の見えないものを追いかけている。先ほどの例でいうなら、ゲームやギャンブルにハマってしまうのも、キャバクラ嬢やＡＫＢに入れ込んだりするのも、いずれもどうなるのが目的なのかという完成形、終着点が見えません。「出口」がどこで、いつ終わるのかがわからない。マウスがクルクル回るカゴの中で永遠に走り続けるようなイメージでしょうか。

その泥沼が続くことで経済的に破綻したり、精神的に病んでしまったりする。エンドレスなものに執着することが、実は一番不健康なんです。

ですから、何か目標設定をする時は、完成形がイメージできるもの、実現可能なものにすることが大切です。

たとえばもし東京に住んでいる人なら、比較的簡単に登れる高尾山や三峰山に登るという目標を立てる。あるいは伊豆七島を全部回るとか、頑張れば達成できて、しかも充実感のある目標を立てて楽しんでみるのです。

そうやって一つずつクリアして成功体験を積み重ねる。クリアしたら次の達成可能な目標を立て、さらに頑張ってみる。するといつの間にか大きな達成感を得られるようなことを成し遂げて、考え方も前向きになり、負のスパイラルから脱しているかもしれません。

エンドレスで報われない目標や夢、あるいは妄想に身を削るより、ずっと健康的だと思います。

自分をマネジメントできるのは自分しかいない

報われないことに足をとられがちな現代だからこそ、「あきらめないこと」と「あきらめるべきこと」の二つを選り分けて、上手にマネジメントしなければなりません。

そのためには、やはりここでも「内省ノート」をつけてみることをおすすめします。自分があきらめられないことは何なのか、なぜあきらめられないのか、その完成形と出口はどういうものか——。要は客観的に自分を見つめ直すということです。

そうして目標が明確になったら、期限を区切ってみましょう。「5年後までに達成できなかったらあきらめる」とか「3年やっても合格しなければあきらめる」という風に決めるのです。

期限を区切るというのは、何かを始める時にはつねにセットにして考えておくべきです。たとえば何かの勉強会を始めようとする。10人くらい集まって始めたのはいいが、今度は止め時がわからなくなることがあります。

皆勉強会を結構楽しんでいる。そこに、突然次回で最後ですというのも唐突で言い出しにくい。それでなんだかんだと続けてしまう。止めるタイミングを失ってしまうのです。

最初から「この会は5回で終わり。次に違うテーマでやるかは、その折に再度あらためてご連絡します」とすれば、カドも立たないしすっきりします。何事も、始める前に終わりと出口を明確にしておくことが大事です。

次に大切なのが、「あきらめないこと」を一つではなく複数設定すること。一つのことだけあきらめずに追い続けると、どうしても視野が狭くなりがちです。それがやがて執着になり、精神的に病んでしまうこともある。

仕事上の目標とか、プライベートでの目標をそれぞれノートに書き出し、それぞれ期限を設けながら同時に複数のことを目指してみる。一つが期限オーバーで達成不可能ならそこで一度リセットして、もう一つの別の目標にエネルギーを注ぐ。あるいはその時点で新たに別の目標を立てる。

その時には、期限までに達成できなかった理由と、それまでの頑張りで何が得られたかということを自分なりにノートにまとめてみましょう。

たとえば5年で300万円の貯蓄の目標を立てたとして、目標に達しなかったからといって成果はゼロではないはず。240万円貯まったのなら、最初のゼロから比べれば成果は上がっています。そういうことにも目を向けると、「あきらめない」ことが無駄ではなかったと気づき、それだけで満足感や納得感が変わってきます。次の目標へのモチベーションにもなるでしょう。

「あきらめないこと」をマネジメントするというのは、主体性を持つということ。自分で自分を見つめながら自分をコントロールする。商業主義のコマーシャリズムやマーケティング戦略に踊らされ、彼らがつくり上げたシステムで欲望や執着を掻き立てられた結果ではなく、自分の内面からの自発的な「あきらめない」ものを対象化する。

親や上司や会社から頑張れといわれてやるのではなく、本当に自分にとって意義のあるものに対して「あきらめない」で頑張る。自分で決めて自分のペースで追い求めることが大切なんです。

過大な立身出世は近代以降の概念

「立身出世」という言葉があります。立身とは儒教からきている言葉であり、出世とは仏教から来た言葉だとされますが、社会的にいまの自分の位置より上の位置に行くという意味合いで、江戸時代にも使われていた言葉だそうです。

ただし江戸時代には士農工商の身分制度があったので、商人は商人の、武士は武士の身分の中での立身出世であり、身分を超えてまで立身出世するという意識はほとんどなかった。むしろ「小欲知足」という言葉があるように、欲を少なくして、充足することをよしとする風潮もありました。ですから、あまりに分を超えた野望や願望はむしろはしたないもの、野暮なものと思われていたようです。

お百姓さんはある土地に何代も住み続け、自分の決められた田畑を耕し続けた。武士でも自分のところの土地は米二十石なのに、隣は米三十五石だ。でもそれは、ずっと遡って関ヶ原の合戦で八代前の先祖が足軽だった時、自分のところの先祖より早く敵陣に入って活躍した、その論功行賞の差。その差がずっと続いていくわけです。

このようなスタティックな社会では、上昇志向も競争意識もいまほどは生じません。

自分の環境や境遇を受け入れているので、ある意味での「あきらめ」や「諦観」からスタートすることになります。

ですから現在の意味での立身出世という言葉が広がったのは、やはり封建制度が終わり、西洋的な近代社会が始まってから。福澤諭吉は「天は人の上に人をつくらず、人の下に人をつくらず」と平等と学問の大切さを説きましたが、要は「あきらめず」に頑張れば、誰もが上に行けるということ。そこから、いまでいう立身出世の意識が芽生えたわけです。

「一生懸命」という言葉がありますが、もともとは「一所懸命」。かつての封建社会は土地が中心ですから、武士から与えられた土地に何代も根をおろして頑張る。つまり一カ所に命を懸けるという意味で、「一所懸命」という言葉が生まれたのです。

それが明治以降は、土地に命を懸けるのではなく個々人が自分の一生という時間に対して頑張る、命を懸けるという意識に変わってきた。それで「一生懸命」になった。頑張ることの意味と対象が変化してきたことが、この言葉に如実に表れています。

「あきらめない」というマインドは、このような時代と社会的な流れの中で変遷してきた。そういう流れを知っておくだけでも、いまの自分の頑張りがどういうものなのか、どういう意味があるのか、客観的に見ることができるようになります。

検察との戦いで最後まであきらめなかった理由

「あきらめない力」についていろいろな視点から述べてきましたが、「あきらめる」べきものと「あきらめない」ものを自分の中で選別し、コントロールしてマネジメントすることが大切なのは間違いありません。

エゴではない自分の思想や信条、存在意義といった自己のレーゾンデートルに関わるものに関しては「あきらめない」。少なくとも簡単には「あきらめない」ほうが、その後の人生にもよい影響を与えます。

私自身がそう考えるのは、やはりあの検察に勾留された512日間の体験が大きい。これについては、人生の中で「あきらめない」で向かった最大のものだと思います。

国策捜査における検察は何でもすることは前述しましたが、すでに鈴木宗男氏を逮捕し有罪にするシナリオを用意し、そのための配役もストーリーも周到に練られていた。容疑を認めればすぐにでも拘置所から出られたでしょうが、私は検察のシナリオには絶対に従わないと決めました。

まず第一に、私は検察がいうような罪を犯していません。外務省関連の国際機関のお金を違法な形で勝手に引き出して使ったというのが背任の内容ですが、いずれもすべて上司の決裁を得て引き出したお金です。

第二に、ここで簡単に検察のシナリオに屈したら、ロシアの外交官や要人たちに「日本の外交官は性格が弱く、圧力をかけられると事実をすぐに歪曲する」と受けとられてしまう。このような不信感はそのまま日本の国益を損なうことにもつながるでしょう。また外務省の後輩たちにも迷惑をかけてしまう。

そして最も大きいのが第三の理由で、賄賂などを受けとっていない鈴木宗男議員を裏切り、陥れることになる。これだけは絶対に受け入れられません。どんなに勾留されても、どんなに裁判費用がかかっても、あきらめるものかと思いました。

以上の三つの理由から、私は検察の突きつける嫌疑を一切認めず、その結果512日間を塀の中で暮らすことになったわけです。

この間、外国から証人を呼ぶための経費や弁護士費用などで、ざっと2000万円はかかりました。この費用は税控除にならないので、実質的には4000万円以上捻出しなければならない。同志社大学時代の旧友たちのカンパもあり大いに助かりましたが、かなりの額を塀から出た後の著作活動で捻出しなければならなかったのです。

目先の損得で考えれば、じつにバカげています。何しろ罪を認めて言いなりの報告書をつくれば数日で解放され、弁護士費用は国選でせいぜい10万円ほど。起訴されて有罪判決を受けたとしても、素直に認めれば初犯ということで執行猶予がつく。そうすれば、2年くらいで社会復帰できたでしょう。普通に考えれば、認めてしまったほうがあらゆる意味で負担は軽くすみます。

ただし私はどうしても「あきらめない」と誓った。それは先の三つの理由につきます。もし私が検察の圧力に屈して嘘の証言をしていたら――。

拘置所を出た後も、一生鈴木さんの顔をまともに見られなかったでしょう。スズキのバイクを見ただけで憂鬱になったかもしれない。そんなビクビクした人生はまっぴらです。有罪にはなりましたが他人にも自分にも嘘はつかなかった。

国家の裁きに執行猶予はつくかもしれませんが、自分の良心の裁きに執行猶予はありませんから。

「あきらめない」を考えるための本

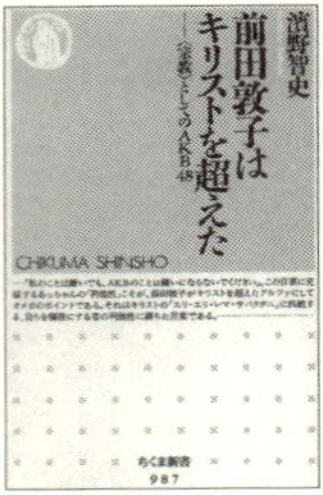

『前田敦子はキリストを超えた』

濱野智史／ちくま新書

いまや国民的な人気のＡＫＢ。著者は、熱烈なファンの心理はいまや宗教にも近いものだと主張する。現代人のあきらめない感覚がわかる一冊

『門』

夏目漱石／新潮文庫

目的論的な西洋的思考と、仏教的な無常観の狭間に揺れる近代人の葛藤を描いた作品。現代を見通すための重要なヒントになる

第八章　先送りしない

仕事を先回りしてやりすぎるのは危険

仕事では、今すぐやるべきことと先延ばしにしていいものがある。その二つを仕分けることはとても大事です。

たとえば1週間後に企画書を提出しなければならない。焦ってすぐに書き始める必要はありません。むしろいろいろな情報を自分の頭の中で寝かせておき、直前に集中して書き上げた方がいい企画書になる確率が高いのです。

また、取引先と何らかのトラブルがあったとします。口うるさい上司に報告しなければならない。気が進まないとしても、この手のことを先延ばしにして状況がよくなることはありません。どうせ報告しなければいけないなら、すぐにした方がいい。

私の場合、雑誌の原稿などは締め切り直前に書きます。気をきかせたつもりで1週間前に書き上げても、その後の政治や社会情勢の変化で無駄になる可能性があるからです。逆に担当者への連絡や事務的な作業などは、やれる時間があれば早めに処理しておく。

前述しましたが「明日できることは今日やるな」というのがポイント。偏差値秀才タイプの優等生ほど、とにかく頼まれたことを何でも早めに終わらせようとする。だから自分で処理できそうもない量、もしくは質の仕事を抱えるとパニックになったり、ひどくなるとパンクしてうつ状態になってしまう。

特に優等生の場合、親のいうことをちゃんと聞いて育ってきた子が多い。「今日できることは今日やっておきなさい！」「先延ばししない！」と子どものころからいわれ続けてきただけに、先延ばしすることを罪悪のように感じてしまう。

会社に入ると今度は親と同じくらいの年齢の上司がいて、その上司がやたらとケツを叩いてくる。「怠けてたらダメだ」とか「早め早めに仕事を終わらせる癖をつけろ」とか、そんなに急がなくて大丈夫な仕事まで先回りでやらせようとする――。

結局、その上司がさらに上から何かいわれた時、「もうできてます」といえる保険がほしいだけだったり、単に自分が安心するからという理由だけだったりします。

そんな環境にいると、仕事を与えられると「すぐやらなければ」と強迫観念的に考えてしまう。本来は、仕事の優先順位と内容によって「先にやるべきもの」と「先送りするもの」、「その中間」というように分かれているはずです。

できる人は「仕事の遠近感」を持っている

仕事というのはつねに時間軸とセットで考えなければいけません。1週間、1カ月の時間の流れの中で、どの仕事をいつまでにこなすか。逆にいつから手をつければ大丈夫なのか、はっきりつかんでおくのです。

「仕事の遠近感」といってもいいでしょう。それが見えている人は、たくさん仕事を抱えてもアタフタせず淡々とこなしていける。目の前にあるものをただがむしゃらにやるという人は、仕事の座標軸、時間軸がないのです。

仕事を時間軸に落とし込むために私がやっているのは、ノートに書くこと。時間というものは目に見えませんが、書き出すことで可視化、空間化できる。私は何でも1冊のノートにまとめます。時間管理、仕事の管理もそのノートだけ。

私の場合、横書きノートの見開きの左ページに原稿の締め切りをずらりと書き出します。そして右ページには、打ち合わせや取材などの予定を書いておきます。見開きで1カ月分。これを開くと、いつどんな締め切りが入っていて立て込んでいるかがわかるし、打ち合わせや取材など、人と会って話をする予定がどれくらい入っているかが一目でわかります。

新規の打ち合わせや取材が入ると、このノートを開いて比較的締め切りの少ない日に入れる。新しい原稿の依頼がきたら、左ページの表が黒く埋まっているところは避けて、それ以外のところを締め切りにできるか交渉する。

全体のバランスを見ながら、適度に仕事を調整することができるのです。その中で何から先に手をつけるべきか、何を先送りにしても大丈夫かがわかってくる。これは人によって異なるでしょうが、いずれにしてもノートにつけて整理し、頭の中で時間と仕事の関係が一目でわかるようにしておくことでそれが可能になります。

ちなみに、私はノートに手書きのアナログ派。デジタル化されたデータだと、水洗トイレに落とすというような事故があった時に一瞬で消えてしまう恐ろしさがあります。つねにバックアップを取っておくことで対応可能だとはいっても、それが面倒だからです。

それと、手で書くことで頭に入って整理されやすくなるという点も重視しています。締め切りや打ち合わせなど、終わった仕事はボールペンで線を引いて消していく。すると、残っている仕事が一目でわかるのです。

先送りしないというテーマを考える前に、まず物事には「先送りしていいもの」と「先送りしてはいけないもの」がある。それをしっかり認識することが先決です。

「時間割引率」で貯金の額がわかる

先延ばしにするとかえって面倒になるとわかっているのに、なぜ私たちはつい先延ばししてしまうのか。

面白いのは、ふだん合理的で理性的な判断を得意とする優秀な官僚たちでさえ、健康診断を怖がって先延ばししたりするのです。悪いところがあったら検査して治療した方が断然いい。それは誰が考えても真実ですが、なんだかんだと先延ばしにする人がいるのです。

また虫歯や歯周病なんて、放っておいても絶対によくなることはありません。少しでも早く医者に行く方が治療は軽く済むのがわかっていながら、本当に痛くなるまで放っておく。また、夏休みの宿題を結局最後の2、3日で一気にやるハメになる――。

わかっていながらなかなかできないというこの不条理な行動に、深い人間的な心理や思考の特徴が表れています。

行動経済学の理論に「時間割引率」というものがある。どうも、時間の感じ方は人によって微妙に異なるらしいのです。たとえばいま私が皆さんに1万円をあげると言ったら、誰でも喜んで受けとるでしょう。

しかし、「1週間後なら1万1000円あげるよ」という条件をつけたら、皆さんはどちらを選択するでしょう？　いますぐ1万円を受けとる人もいるでしょうし、「1000円増えるのなら1週間待つ」という人もいるでしょう。いますぐ受けとる方を選んだ人は、1週間後の1万1000円より今の1万円のほうが価値が高いと考えているわけです。

言い換えると、時間を経たモノ、将来のモノは価値が下がって見えることがある。未来になるにしたがって価値が低く見積もられるのです。この割合を「時間割引率」といいますが、人によってけっこう差があります。

先ほどの例でいえば、1週間後に受けとる金額を1万1000円、1万2000円、1万3000円と増やしていって、それぞれいくらの時点で1週間後にもらうことにしたかで「時間割引率」の大きさがわかります。

1万1000円で1週間後にした人と、1万3000円になってようやく1週間後に受け取ることにした人では、後者の方が割引率が大きい。割引率の大きい人は、同じ1万円でも、目の前にあるものの方に大きな価値を感じているのです。目の前のものがより大きく、将来のものはより小さく見えている。

その遠近感の歪みが、いろいろな判断や行動の違いになって表れてきます。たとえば時間割引率の大きい人ほど貯蓄率が低い。それは目先の消費に大きな価値を置いているので、よほど高い利子がつかない限り貯蓄する気にならないからです。

ギャンブルにハマりやすいとか、深酒しやすく健康を害しやすいという研究結果も出ています。簡単にいうと目先の快楽に弱いタイプ。

「時間割引率」が大きい人ほど、目先のリスクは大きく、将来のリスクは小さく見えています。だから健康診断で悪いところが発見される恐怖におびえ、検査を先送りする。将来痛い思いをするとわかっていても、歯医者の通院を先送りしてしまうのです。

人間は決断することを恐れている

外務省時代の上司だった東郷和彦局長は、とにかく判断が早くてあまりブレなかった。部下としては、非常に仕事がやりやすかったことを記憶しています。判断が遅い人ほど、後から方針が変わることが多いものだからです。

この違いは、普段からいろいろなことを頭の中で考え、シミュレーションしているかどうか。それができているから、いざ問題が起きた時の判断が早いしブレることがないんです。

判断が早いというのは、思いつきをすぐに口にすることとは違う。特に、上に立つ人は思いついたことをすぐに口に出してはいけない。一回頭の中で考えてから公言する。そのためにも、つねにいろいろな状況を想定して、「こうなったら、こう対応する」というシミュレーションをしておくことです。

あなたの会社にもやたら判断が遅い上司はいませんか？　判断が遅い人は仕事にも無駄が多いもので、たとえば書類やものを探すのに異常に時間がかかったりする。机の上が整理されていないということは、頭の中が整理されていないということ。何があって何を捨てたかということさえも、曖昧なわけです。

そういう人は、無駄な指示が非常に多いというのも特徴。外務省時代にも大量の書類のコピーをとらせた挙句、結局それは使わないからとすべてシュレッダーにかけさせた上司がいましたが、まさに無駄以外の何ものでもない。

決断することが怖いというのは人間の本性です。判断や決断、そして実行にはリスクが伴います。その判断するリスクと、判断を先延ばしにすることによって生じるリスク。その二つを比べた時、いま判断するリスクのほうが高いと考えているから先延ばしにする。何を怖いと感じるか、リスクを冷静に合理的に比較できるかどうかの違いなんです。

先送りするとどんな弊害が起きるか。

物事には何でも時というのがあり、タイミングを逃したら失ってしまうこともある。特にビジネスでは売り上げに大きく関わってきます。私は作家業に専念してから、いい本、売れる本の見分け方がかなりわかってきました。単行本の売れ行きに大きく関わっているのが、本の帯なんです。帯の出来によって売れ行きはかなり変わる。

ところが本の中身をつくることに時間を取られ、帯を先延ばしにしたために、陳腐なものしかできなかったりすることが多い。前倒ししてあらかじめ推薦人にゲラを送っておけば、いいコメントがもらえていい帯ができるハズなのに……。

ほんの少しの仕事のタイミングのズレとか、ちょっとした先送りで売り上げは大きく変わる。こういうことは、出版だけでなくビジネスの世界ではどこでもあるのではないでしょうか。

日本人から合理性が失われつつある

先延ばしするリスクと、決断、実行するリスクをどう比較して判断するか。それとともに、そもそも何をリスクとしてとらえるかという根本的な問題もあります。その判断が合理的な精神に基づいたものなのか、それとも思い込みや間違いによるものなのか――。

ＴＰＰ（環太平洋戦略的経済連携協定）などは、まさにそんなリスクのはき違えがあるように思います。前にも触れましたがＴＰＰは日本が置かれている状況を考えたら、加盟する以外に選択肢のない問題といってもいい。ならば早くに国民にその事実を知らしめて参加するべきです。

ところが日本の政治家は大所高所からモノをいうより、いざとなったら選挙での生き残りを考えます。貿易やサービスが自由化されれば、農業関係者や医療関係者から総スカンを食らって自分たちの政治生命が危うくなる。結局それを一番のリスクとしてとらえていたため、問題を先延ばしにすることで生じるリスクは二の次になってしまった。

結果として、日本はじっくり交渉してルールづくりに参加する時間的余裕のないまま、駆け込みのような形で参加を表明しました。本来政治家として国益を考えるなら、あのような馬鹿げた先送りはしなかったはずです。結局、何を本来のリスクとしてとらえるか、その部分が根本的に違っている。

TPPに反対する人は、農業が壊滅的な打撃を受けるとか医療制度や保険制度が崩壊するという危機感のほうに目が行っています。

しかし前にも触れたように、TPPの本質は対中国を睨んだ環太平洋諸国の経済・軍事同盟。さらにいうなら対EUも視野に入れたブロック経済体制の構築です。そうである限り、そこから日本が外れることは考えられません。もし参加しないとしたら、それこそ日本が国家として存続できるかどうか、それくらいの大きな問題でありリスクです。

リスクを正当に評価し考量するには、当然理性的で合理的な思考や判断が求められます。最近、我が国においてこの合理性が危うくなってきているのではないかというのが私の偽らざる実感です。アベノミクスでデフレから脱却し、景気がよくなると一種のかけ声のようにはやし立てられています。お金をたくさん刷れば物価水準は上がる、これを「貨幣数量説」といいますが、はたして本当にそうなのでしょうか。

やはり参考になるのがマルクスで、彼は貨幣数量説は成り立たないといっている。なぜならお金が大量に流れたら、その分抱え込んでおこうとする「貨幣退蔵」という現象が起きる。必ずしもすべて市場に流通しないとマルクスは主張しています。

実際、いまお金持ちはお金を使いません。お金がある人がモノを買ったり、会社や工場をつくるなど、実体経済の中でお金を回してくれるならたしかに景気はよくなります。

しかし現実はどうか。お金持ちの多くは実体経済にお金を回さず、株や土地などの投資にお金を回す。実体経済ではなく金融経済のほうにお金が流れるわけです。

「お金を刷ればデフレ脱却、明るい未来」という構図は、そう考えると願望や希望のレベルにすぎないことがわかるでしょう。そこには理性や合理精神とは逆の、念力主義的な強引さを感じます。どうも世の中全体が念力主義的になっている気がしてなりません。

合理的な見方を知っておくことで、何が本当に怖いことなのか、何を先送りしたらまずいのかがわかってくるのです。

単なる〝労働力〟にならないために

先送りの問題は時間に対する見方、考え方に関わっていると述べました。いうまでもなく個々の人間にとって、時間は有限なもの。だからこそ先送りしないほうがいいものがある。そのことをあらためて認識しておいたほうがいいと思います。

たとえば、機を逃すと一般的に難しくなるのが結婚であり、子どもを得ることでしょう。もちろん、どこかの政治家のように産めよ増やせよというつもりはありません。しかし、もし多少なりとも自分の伴侶を得て家庭をつくりたいという気持ちがあるなら、先送りして気がついたら40歳後半、50歳になってしまうと、正直かなり難しい状況になります。

もちろん、例外はたくさんあるので一概にはいえませんが、特に子どもをつくるとなると肉体的、年齢的な限界がどうしてもあります。

これも、どこかで決断して飛び込むことが必要です。最近はお金の問題、仕事の問題で結婚を決断するのは難しい状況です。しかし「何とかなるさ」という楽観主義もどこかで必要。実際一人で生活するより、二人で協力するほうがラクになる部分は多いのです。

そしてこれからの時代、先送りできなくなるのが語学、それも英語です。ＴＰＰが導入されることで否応なしに英語が入ってきて、ちょっとした会議やメールのやりとりが英語になるなんてことが日常的に起こる。

そうなると英語ができない人は当然上に上がれない。そういう人は単なる〝労働力〟になってしまい、賃金が激減します。東南アジアなどの安い労働力との競争になるからです。

「もう40すぎてるのに今さら英語なんて……」という人がいるかもしれません。

そんな人に私が勧めているのが公文式です。これは非常によくできていて、診断用のテストもしっかりしている。まずそこに行って今の自分の実力を客観的に評価してもらうのです。毎日30分でも淡々とこなしていけば、半年もたてば英語力は見違えるほどになるはずです。しかも月極めですから、いくらやっても値段は一緒。

問題は子どもたちと一緒にやるということですが、ドイツ語だとかフランス語を子どもと一緒に習っているオジサンたちもけっこういます。

『巨人の星』が好きな上司には要注意

国や民族によっても、先延ばし、先送りする傾向の違いがあります。外交官だった私の経験上、やたら判断をせっつくのがアメリカ人、ロシア人、イスラエル人。彼ら自身も判断や行動は早いのですが、いかんせん拙速という言葉が当てはまりそうな場合も多い。

特にアメリカ人はビジネスパートナーとしても厄介な相手です。判断は早いけれど朝令暮改が当たり前。本当にちゃんと考えているのかと疑いたくなるところがある。

しかも、彼らの行動原理は基本的にはすべて数字。つまるところ売り上げであり利益であり、お金になるかどうかの評価が中心です。わかりやすいですが、私からするとどこか虚しいと感じてしまいます。

ヨーロッパはもう少し判断は遅いですが、その代わり数字やお金以外の基準がある国が多いように思います。イギリス人にしてもドイツ人にしても、おっとりしているように見えてじっくり考えている。ドイツ人はやはり理詰めでモノを考えます。

これがイタリアなどのラテン系になると、同じヨーロッパでも違ってくる。やっぱり面倒なことは後回し、目先の利益や欲望に忠実な人が、イタリアやスペインには多いような気がします。自分たちの志向に合ったことへの決断は早いでしょうが、そうでないものにはなかなか手をつけようとしない。

私たち日本人はどうかというと、いうまでもなく判断や行動はけっして早くありません。まずは全体の流れや空気を読んで、自分たちが突出しないよう判断して動き出します。

ですからアメリカ人やロシア人から見ると、「いったい何を考えているのか、早く態度を決めろ」と歯がゆかったり、イライラしたりするんじゃないでしょうか。TPPなんてアメリカ人からしたら参加は自明の理なのに、何をそんなに迷っているのだと。

ただし日本人の場合、一度決まったら今度はそれをずっと守っていくという習性があります。ただひたすら同じことを繰り返していく。一徹というか頑固というか、まさに「巨人の星」の「思い込んだら試練の道を」という気質がある。

繰り返しになりますが、皆さんの上司で『巨人の星』が好きだという50代後半から60代の人はいませんか？　こういう人物は十分に気をつけた方がいい。「努力すれば道は開ける」「頑張れば何とかなる」という、偏執的な精神主義の人が多いですから。

前に書いた、無駄なコピーを徹夜でとらせて翌日には必要なかったとシュレッダーにかけさせた上司は、まさにこのタイプ。何のためにそんな無駄なことをさせるのかと聞かれたら、「いや、これで根性がつく」と答えるでしょう。

こういう不条理で硬直した精神の上司についた部下は大変です。営業でも、「とにかく外回りで足を使え」「お前たちの頑張りが足りないから売り上げが伸びない」など精神論を振りかざす。本当は経済自体が右肩下がりで、絶対需要が減っているだけなんですが。

こういう精神主義、念力主義の蒙昧があの悲惨な戦争を招いたという部分は大きいと思うし、日本軍、特に陸軍に顕著だった合理性を欠いた戦術や戦略はここからきている。大いに共通する部分があると思います。

いずれにしても先延ばし、先送りに関係する判断の早さに関しては、国や文化によってかなり差があることを知っておいたほうがいいでしょう。

誰にでも不祥事を起こす可能性はある

先送りする内容によっては、自分の立場を危うくしたりするものや、社会的に取り返しのつかないものもあります。

よくあるのが、ギャンブルにハマって会社のお金に手をつけてしまうこと。自分が経理担当だから、多少の額はどうにでもごまかせる。結局、気がついたら膨大なお金を使い込んでしまった――。

ギャンブルなんて、そうそう勝てるものではありません。ましてや、やましいお金でやったところでまず負けるものです。その損失をさらにギャンブルで取り戻そうとすると、正常な判断力を失って一発勝負に賭けたりするからますます当たらない。

それでいよいよ決算で会計士がくる。とうとうごまかせなくなって失踪したり、最悪自殺してしまう人だっています。問題を先送りにすることで、最初は小さなごまかしがやがてとんでもない負債に膨らむ。使い込みなどは極端な例かもしれませんが、私たちの日常や仕事の中でも、実はありがちな落とし穴だといえます。

ある会社の広告部の営業マンで、成績が上がらず、会社に戻ってくるたびに上司になじられる人物がいました。そのプレッシャーに耐えかねて、架空の契約を自分でねつ造し、売り上げとして計上した。おそらく、とりあえずはそうやって上司の目をごまかし、後で必死に取引先に泣きついて広告を入れてもらうという魂胆だったのでしょう。

もちろん、そんなやり方が上手くいくはずもありません。結局それが最後に明るみに出た時、相当の額が架空の売り上げとして計上されてしまっていました。目先の上司の罵声に怯えるあまり、とんでもないものを先送りしてしまった例です。ただし、このケースは本人にも非がありますが、私からいわせるとより大きな非は罵声を浴びせて追い込んでしまった上司のほうにもあります。

人間は追い込まれるととんでもないモノを先送りしてしまうことがある。そういうことを知っておくだけでもリスク回避になります。「まさか自分だけは」と思うかもしれません。しかし過酷な状況で思わず逃げ込んだ道が、実はとんでもない袋小路につながっている。そんなことは誰にでもあると思っておいたほうが賢明です。

もし、自分がそのような行動をしてしまいそうになるほど追い詰められたらどうするか。あるいは、何かをしでかしてしまったら。とにかく一人で抱え込まずに誰かに相談する。友人でもパートナーでも親でも、とにかく誰かに正直に話す。その時はどんなに恥ずかしかったり情けなかったりしても、さらなるドツボにハマるよりはずっとマシです。

思考の硬さを意識的に柔らかくする

それまで優秀でしっかり仕事をこなしてきた人物が、突然仕事ができなくなり、いろいろなものを先送りしてパンクしてしまう。そして気がついたら辞めてしまっている。特に最近、職場で見られる光景かもしれません。

うつ病になる人も増えています。膨大な仕事量を求められ、職場で助けてくれる人もいない状況で、上司に成績や成果を厳しく求められる――。そんな過酷な状況で自分を追い込んで仕事をしているうちに、精神的にいっぱいいっぱいになってしまう。するとそれまでできていた仕事が一切手につかなくなる。やらなければいけないとわかっていながら、体が動かない。やる気も全くなくなってしまう……。

ただし、同じ状況でもそうなってしまう人と、そうならない人がいる。この違いはどこからくるのでしょうか。

もう30年くらい前の本ですが、精神科医の木村敏先生が『時間と自己』（中公新書）の中で、非常に興味深い説を述べています。精神科医としてうつ病と統合失調症の患者をたくさん見てきた著者は、両者の時間感覚に大きな差があることに気がつきます。

うつ病にかかっている人、あるいはかかっていなくてもその傾向がある人に特徴的なのは、「取り返しがつかないことになった」「もう終わってしまった」という感覚が強いことだと述べています。これを彼は「祭りの後（ポスト・フェストゥム）」的な時間意識と名づけています。

このことが、「先送り」とどう関係するのでしょうか。「祭りの後」という感覚が強い人は、ある時点から先は何をやっても無駄だ、やっても仕方がないという気持ちになってしまうのです。うつ病に陥った人は特にこれが顕著で、こなすべき仕事が目の前にあったとしても、どうせやっても無理だとか、間に合わないと考えてしまう。

面白いのは、実はこういう人には「間に合わなくなる」という潜在的な恐怖心があるので、病気になる前はむしろいろいろなことを先回りしてこなしていた人が多い。つまり、優秀で仕事ができる人に多いのです。

まじめな人ほどうつ病になりやすいというのはそういうことです。先回り先回りで仕事をしていた人が、一度うつになってしまうと今度は極端に先送り先送りで仕事が手につかなくなってしまう。まるで別人のようで周囲は驚きますが、実は根本は一緒で、表現形が違っているだけなのです。

言葉を変えると、完璧主義者でもあるわけです。自分が思い描いたように仕事を進められているうちは非常に調子がいいのですが、一度歯車が狂いだすと、「もう自分はダメだ、何をやっても無駄だ」と両極端に振れる。

うつ病になってしまうと、このかたくなさがさらに極端になってしまいます。こういう思考の硬さがあると自覚している人は、意識的に柔らかくすることを考える。つまり多少思い描いたようにいっていなくても、いつでも取り返しがきくんだ、と考えるのです。

実際、現実はかなりフレキシブルなところがあります。一つが上手くいっていなくても、別のところで補えば全体として何ら問題がないことのほうが多い。

そう考えられれば、何か不測の事態が起きても「だったらこう対応すれば何とかなる」「こうやれば取り戻せる」と柔軟に考えることができます。

これこそが、実は非常に大切なポイントです。やたら先回りしてこなさないと落ち着かないのも、逆にいろいろなことを先送りして首が回らなくなるのも、実は同じく心の「硬さ」からくる。

その硬さをほぐし、取り除くことが、実は「先送り」をしないための一つの心の持ちようだと思います。

「先送りしない」を考えるための本

『時間と自己』

木村敏／中公新書

先送りの心の仕組みは、そのまま時間と自分の関係に行きつく。統合失調症とうつ病という病理から、自己と時間の関係を読み解く良書

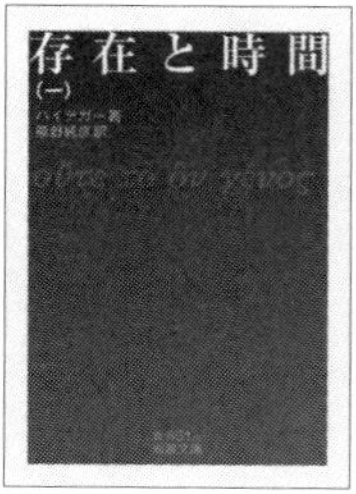

『存在と時間』

ハイデガー／岩波文庫

存在論と時間論を突き詰めて考えるのにふさわしい古典。人間は死を前提にした時間的な存在であるとして、あらためて時間を考察する

本書は、２０１３年10月に小社より刊行した『人に強くなる極意』を文庫化したものです。

青春文庫

人《ひと》に強《つよ》くなる極意《ごくい》

2019年 1月20日　第1刷

著　者　佐藤《さとう》 優《まさる》

発行者　小澤源太郎

責任編集　株式会社プライム涌光

発行所　株式会社青春出版社

〒162-0056　東京都新宿区若松町 12-1
電話 03-3203-2850（編集部）
03-3207-1916（営業部）
振替番号　00190-7-98602

印刷／中央精版印刷
製本／フォーネット社
ISBN 978-4-413-09714-7

ほんとうのあなたに出逢う　青春文庫

毒になる食べ方 薬になる食べ方

森由香子

食べ方ひとつで、カラダは変わる！
間違った思い込みや常識を払拭する
目からウロコの情報満載

(SE-712)

脳卒中、心筋梗塞、突然死だけじゃない すべての病気は血管で防げる！

池谷敏郎

がん、糖尿病、高血圧、脂質代謝異常、認知症、骨粗しょう症…何歳からでもすぐ効果が表れる！〝血管の名医〟がすすめる習慣

(SE-713)

人に強くなる極意

佐藤　優

今こそ求められる生き方、
働き方のバイブル。
35万部突破のベストセラーが待望の文庫化。

(SE-714)

日本人の9割が信じている 残念な理系の常識

おもしろサイエンス学会［編］

「セミは1週間しか生きられない」は、大きな誤解、「土に還る素材は自然に優しい」のウソなど、知らないとヤバイ知識が満載

(SE-715)